(bürgerlich Alfred Henschke) Klabund

Deutsche Literaturgeschichte in einer Stunde

Leseklassiker

(bürgerlich Alfred Henschke) Klabund

Deutsche Literaturgeschichte in einer Stunde

ISBN/EAN: 9783955630195

Auflage: 1

Erscheinungsjahr: 2013

Erscheinungsort: Bremen, Deutschland

Leseklassiker

Deutsche Literaturgeschichte in einer Stunde

Von den ältesten Zeiten bis zur Gegenwart

Diese kleine Literaturgeschichte verfolgt weder philosophische noch philologische Absichten. Sie ist nichts als der Versuch einer kurzen, volkstümlichen, lebendigen Darstellung der deutschen Dichtung. Die Dichtung eines Volkes beruht auf dem Eigentümlichsten, was ein Volk haben kann: seiner Sprache. In diesem Sinne wird und soll sie immer »völkisch« sein. Die deutsche Dichtung ist vergleichbar einem Baum, der tief in der deutschen Erde wurzelt, dessen Stamm und Krone aber den allgemeinen Himmel tragen hilft. Es gibt eine deutsche Erde. Der Himmel aber ist allen Völkern gemeinsam.

Blüten vom Baum der deutschen Dichtung mögen vom Winde da- und dorthin getragen werden. Zu Früchten reifen werden nur die, die am Baum bleiben. Sie werden im Herbst geerntet werden, und im Schatten des Baumes wird ein ganzes Volk sich an ihnen erquicken.

Jener germanische Jüngling, der einsam im Eichenwald am Altare Wodans niedersinkend, von ihm, der jeglichen Wunsch zu erfüllen vermag, in halbartikuliertem Gebetruf, singend, schreiend, die Geliebte sich erflehte, dessen Worte, ihm selbst erstaunlich, zu sonderbaren Rhythmen sich banden, die seiner Seele ein Echo riefen, war der erste deutsche Dichter.

Wie eine Blüte brach ihm das Herz in einer Nacht auf, daß es der Sonne entgegenglühte, eine Schwestersonne. Daß er dem Sonnengott sich als geringerer Brudergott verwandt fühlte, daß er Worte fand in seinem Munde wie nie zuvor. Unbewußtes ward bewußt. Liebe machte den Stummen beredt. Er sang einen heiligen Gesang. Er neigte sich dem Gott, er neigte sich der Geliebten, er versank vor sich selbst. Himmel, Erde, Mensch verschmolz in seinem Gedicht. Die Sehnsucht wurde Wort, das Wort wurde Erfüllung. Aller Dichtung Urbeginn ist die Liebe. Der Weg zur Liebe führt durch Haß und Kampf und Schmerz. Der Urmensch sang den Haß gegen den Feind, den Feind seines Gottes und Räuber seines Weibes. Er singt den Schmerz seiner im Weltall verlorenen einsamen Seele, die dahinfliegt wie ein Meervogel über den Ozean, und nur die Sonne ist ihre Hoffnung. In ihr verehrt er Gottes Auge, das ihn beglänzt, jeden Tag neu, nach fürchterlicher Nacht. Und er sieht auch in sich die ewige Nacht, aus der er nur immer kurz zu Dämmerung und Helle erwacht, und seine Sehnsucht sucht die Nacht immer mehr mit Licht zu erfüllen. Und das Licht zeigt ihm den langen mühseligen Weg des Menschen, welcher aus Finsternis und Sumpf emporführt zu Licht und Gebirg, bis über die Wolken, bis an Gottes Thron selbst.

Eines der ältesten deutschen Sprachdenkmäler ist das Wessobrunner Gebet, um 800 entstanden, voll großer Anschauung und starker dichterischer Kraft. Karls des Großen Biograph Einhart († 840) erzählt, daß Karl der Große alle alten Sagen habe aufschreiben lassen. Leider haben seine frömmelnden Nachfolger, von unverständigen Pfaffen aufgereizt, dafür gesorgt, daß derlei »heidnisches« Zeug ausgerottet wurde, wo es sich zeigte. Unersetzbares ist verloren gegangen. Als Ersatz werden uns blasse, versifizierte Heiligenlegenden und Christusgeschichten aufgetischt. Unter den

Nachfolgern Karls des Großen blüht, begünstigt von den Priestern, die lateinische Poesie. Da wir nur von der deutschen Dichtung, dem deutschen Wort sprechen wollen, gehört sie nicht in unsere Betrachtung. Die deutsche Sprache wurde höchstens dazu verwandt, um dem Laien heilige Texte zu übersetzen.

Das stolzeste Epos der Deutschen ist das Nibelungenlied (um 1210). Die sagenhafte deutsche Urzeit ersteht in den Rittern der Völkerwanderung noch einmal. Jeder der Helden: Siegfried, Hagen, Gunther ist ein Held seiner Zeit, aber mit den strahlenden Attributen der Vorzeit umgeben. »Welch ein Gemälde der menschlichen Schicksale stellt uns das Lied der Nibelungen auf«, schreibt A. W. von Schlegel. »Mit einer jugendlichen Liebeswerbung hebt es an, dann verwegene Abenteuer, Zauberkünste, ein leichtsinniger, aber gelungener Betrug. Bald verfinstert sich der Schauplatz; gehässige Leidenschaften mischen sich ein, eine ungeheure Freveltat wird verübt. Lange bleibt sie ungestraft; die Vergeltung droht von ferne und rückt in mahnenden Weissagungen näher; endlich wird sie vollbracht. Ein unentfliehbares Verhängnis verwickelt Schuldige und Unschuldige in den allgemeinen Fall, eine Heldenwelt bricht in Trümmer.« Haben wir nicht alle das Nibelungenlied am eigenen Leib und an eigener Seele verspürt? Ein unentfliehbares Schicksal hat uns, Schuldige und Unschuldige, in den allgemeinen Fall verwickelt, und eine Welt ist in Trümmer gebrochen.

Das Gudrunlied (um 1230) klingt sanfter, bürgerlicher, versöhnender aus. Zwar stehen auch hier Gewalttat und Schande am Anfang. Aber das

Lied endet heiter mit einer vierfachen Hochzeit und hellen Blicken in eine rosenrote Zukunft, da kein Haß und kein Kampf mehr sein wird.

Der Minnesang war von Vaganten und fahrenden Sängern gepflegt und in Volksliedern von Mund zu Mund gegangen, ehe sich, unter dem romanischen Einfluß der Troubadoure, die deutschen Dichter seiner annahmen und die Frau als Geliebte und Gattin auf einen goldenen Thron setzten, wie man ihn auf mittelalterlichen Miniaturen der Madonna mit dem Jesuskinde weihte. Von Österreich nahm der Minnesang seinen Anfang. Der von Kürenberg sang um 1150 das Lied vom Falken, den er sich mehr denn ein Jahr gezähmt und der ihm dann »in anderiu lant« entflog. Ein Spielmann, genannt der Spervogel († 1180), dichtete die ersten lehrhaften Sprüche und Fabeln, z. B. vom Wolf, der in ein Kloster ging und ein geistlich Leben führen wollte. Im Kloster vertraute man ihm das Hüten der Schafe an. Die Nutzanwendung braucht man einem Menschen heutiger Zeit nicht besonders nahe zu legen. Derartige Wölfe – und derartige Schafe sind leider heute verbreiteter denn je.

Von 1160–1230 ritt Herr Walter von der Vogelweide durch die Welt. Er kam von Tirol, dort, wo die Berge das Eisacktal vom Himmel abschließen, wo man den Himmel in der eigenen Brust suchen muß. Er trieb seinen mageren, schlecht genährten Klepper durchs Burgtor von Wien, und die Ritter neigten sich vor ihm. Im Bischofssitz von Passau erklang sein Gelächter, das er dem Bischof wie eine Handvoll Haselnüsse an den tonsurierten Kopf warf. Dem heiligen Vater in Rom war er aus deutschem Herzen feindlich gesinnt: er sah, politischer Denker der er war, daß die Päpste sehr diesseitige römische Politik und Diplomatie trieben, der die deutschen Kaiser sich selten genug gewachsen zeigten. Er stand auf der Wartburg und sah hinab auf das thüringische und deutsche Land. Wie blühte der Frühling, wie sangen die Amseln! Unter einem Wacholderstrauch lagen zwei Liebende. Unter der Linde stand ein fahrender Geiger und geigte zum Tanz. Ein schönes Fräulein lächelte seitwärts, selbstvergessen. Da lächelte Walter von der Vogelweide. Er bückte sich und wand in Eile mit geschickten Fingern einen Kranz aus Butterblumen, die zwischen den Steinritzen auf dem Burghofe blühten, nahm den Kranz, sprang zu dem errötenden Mädchen, verneigte sich und sprach:

Nehmt, Fraue, diesen Kranz,
So zieret ihr den Tanz
Mit schönen Blumen, die am Haupt ihr tragt.

Und der alte Geiger, mit dem Totenkopf zum Tanz taktierend, strich den Bogen. Tod spielte zum Leben auf. Der Ritter tanzte mit dem Fräulein. Sie hieß Maria wie die Mutter Gottes selber und war ihm Gottesmutter, Gottesschwester, Gottestochter all in eins.

Mit Friedrich dem Zweiten ritt Walter von der Vogelweide 1227 auf den Kreuzzug. Er haßte die Pfaffen und den falschen Gott in Rom. Er wollte den wahren Gott von Angesicht zu Angesicht sehen. Er sang den Kreuzfahrern das Kreuzlied. Und am heiligen Grab sank er ins Knie: Jetzt erst bin ich beseligt, da mein sündig Auge die heilige Erde betrachten darf.

> Dahin kam ich, wo den Pfad
> Gott als Mensch betreten hat.

Ernst und wie von einer Wolke beschattet, kehrte er aus dem heiligen Lande heim. Es war Frühling in ihm gewesen, als er auszog. Palästina war sein Sommer geworden. Nun sah er Herbst und Verwesung, Elend und Bitternis überall. Die Nebelkrähen hingen in Schwärmen über dem deutschen Land. Und in Würzburg war es, wo er, den Blick auf den fließenden Main gerichtet, sein letztes Gebet dichtete: jene schönste Elegie deutscher Sprache: Owê war sint verswunden alliu miniu jâr! Im Lorenzgarten, vor der Pforte des neuen Münsters, wurde das Sterbliche von Walter von der Vogelweide 1230 bestattet. Die letzte Zeit vor seinem Tode hielt er sich von den Menschen fern: er stand stundenlang am Main und fütterte die Vögel und die Fische mit Brotkrumen. Und in seinem Testament bestimmte er, daß aus seiner Hinterlassenschaft mehrere Säcke Körner zu kaufen seien und daß auf seinem Grabe die Vögel stets Körner und Wasser vorfinden sollten.

Noch im Tode wollte er seinem Namen Ehre machen: sein Grab noch sollte den Vögeln eine Weide sein. Lest seine Liebeslieder, ihr Liebenden! Klausner Schwermut, weise uns die Kapelle seiner Melancholie! Wo im kahlen Winter ein frierender Vogel hungrig an eure Fensterscheiben pickt: gebt ihm zu fressen, gedenkt des Herren von der Vogelweide! Solange die deutsche Dichtung besteht, wird sein Name unvergessen sein. Her Walther von der Vogelweide, swer des vergaez', der taet mir leide, rief 1300 Hugo von Trimberg über sein Grab.

Die Blume der deutschen Mystik keimte zuerst in den Klöstern. Schwester Mechthild v. Magdeburg (1212 bis 1294) schrieb ihr Buch vom fließenden Licht der Gottheit: voll seliger Versunkenheit in Christo. In ihren Ekstasen sah sie Jesus als schönen Jüngling (Schöner Jüngling, mich lüstet dein) ihre Zelle betreten, er war ihr wie ein Bräutigam zur Braut, und ihre himmlischen Sprüche sind wie irdische Liebeslieder. Ihre Gottesminne (Eia, liebe Gottesminne, umhalse stets die Seele mein!) war der Gottesminne des Wolfram tief verwandt. Die reine Minne (nicht jene höfische oder ritterliche oder bäurische Minne) galt ihr als oberstes Prinzip. »Dies Buch ist begonnen in der Minne, es soll auch enden in der Minne; denn es ist nichts so weise, so heilig, noch so schön, noch so stark, noch also vollkommen als die Minne.« Mechthild von Magdeburg ist trunken vor Askese. Ihr Geist kennt die Wollust des Fleisches. Jesus ist ihr zärtliches Gespiel und sie seine Tänzerin. Meister Eckhard (1260–1327, gestorben in Köln), ihr mystischer Bruder, verhält sich zu ihr wie ein Kauz oder Uhu zu einer Libelle. Ihr Leben und Dichten war ein Schweben und Ja-sagen, das seine ein tief in sich Beruhen und ein Ent-sagen. Er liebte das Leid um des Leides willen: jeder Schmerz war ihm eine Station zum Paradies. Er riß die Wunden, die in ihm verheilen oder verharschen wollten, künstlich wieder auf: daß nur sein Blut fließe. Seine Gedanken scheinen verschleiert, ja manche haben dunkle Kapuzen übers Haupt gezogen und sind unerkennbar. Sein Buch der göttlichen Tröstung ist ein Trostbuch für die, die am Tode und am Leben leiden. Ein Trostbuch rechter Art will auch der »Ackermann aus Böhmen« sein, den Johannes von Saaz 1400 in die Welt schickte. Der Dichter kleidet seine Trostschrift in die Form eines Zwiegesprächs zwischen einem Witwer und dem Tod. Der Witwer fordert vor Gericht (dem Gottesgericht) sein Weib von dem Räuber und Mörder Tod zurück. »Schrecklicher Mörder aller Menschen, Ihr Tod, Euch sei geflucht! Gott, der Euch schuf, hasse Euch; Unheils Häufung treffe Euch; Unglück hause bei Euch mit Macht; ganz entehret bleibt für immer!« so beginnt der Kläger seine Klage. Und der Tod antwortet: »Du fragst, wer wir sind: wir sind Gottes Hand, der Herr Tod, ein gerecht schaffender Mäher. Braune, rote, grüne, blaue, graue, gelbe und jeder Art glänzende Blumen und Gras hauen wir nacheinander nieder, ihres Glanzes, ihrer Kraft und Vorzüge ungeachtet. Sieh, das heißt Gerechtigkeit.« In immer verzweifelteren Ausbrüchen pocht der Mensch, aller Menschheit Abgesandter, an das Rätsel des Todes, der ihm sinnlos wie ein Mäher im Herbst unter den Menschen zu hausen scheint, das Glück des Liebenden und die Tat des Künstlers, die Stellung des Königs nicht achtet, bis Gott selbst das Urteil spricht: »Kläger, habe die Ehre, du Tod aber, habe den Sieg! Jeder Mensch ist dem Tode sein Leben, den Leib der Erde, die Seele uns zu geben verpflichtet.«

Mit den Minnesängern wurde die deutsche Literatur sich ihrer bewußt. Zwar gab es noch nicht das Wort, aber der Begriff war vorhanden. Die öffentliche Kritik trat auf: es waren die Fürsten, die als Mäzene das erste Recht der Beurteilung für sich in Anspruch nahmen. Die Themen, die Hartmann von Aue († 1215) in seinen kleinen Epen anschlägt, sind von schönster Intensität: in »Gregorius« überträgt er den Ödipusstoff auf ein mittelalterliches Milieu. Gregorius liebt und heiratet unwissentlich seine eigene Mutter. Als er die Schande erfährt, sucht er die Sünde zu sühnen, indem er sich prometheisch an einen Felsen schmieden läßt. Nach siebzehn Jahren unerhörter Qual erlösen ihn die Römer; er wird von ihnen im Triumph ob seiner Heiligkeit auf den verwaisten Papstthron erhoben und spricht, unfehlbar geworden durch sein titanisches Leid, die eigene Mutter ihrer Schuld ledig.

Im »Armen Heinrich« bemächtigt sich Hartmann eines deutschen Stoffes. Ein Ritter wird vom Aussatz befallen. Ein Mittel nur gibt es, ihn zu retten: das Blut einer unberührten Jungfrau. Aus Liebe zu ihm erbietet sich ein Mädchen, für ihn zu sterben. Aber der arme Heinrich nimmt das Opfer nicht an: trotz teuflischer Versuchung. Da erbarmt sich auf Flehen des Mädchens Gott der Liebenden: er macht den armen Heinrich gesund und zum reichen Heinrich durch den Besitz der Geliebten.

Ein jüngerer Zeitgenosse von Hartmann ist Wolfram von Eschenbach (etwa 1170–1250), ein Bayer aus Eschenbach bei Ansbach. Er war ein armer Teufel wie Walter von der Vogelweide, mit dem er am Hofe des Landgrafen von Thüringen öfter zusammentraf. Als er 1217 dem Hofleben für immer den Rücken wandte, und auf sein kleines Gut heim zu Weib und Kind ritt, vollzog er eine symbolische Handlung. Er kehrte wirklich heim: zu sich, in sich. Er hatte die höfische Minne, die schon einen eigenen Komment entwickelte, dessen Verstöße unnachsichtlich geahndet wurden, von Herzen satt und sehnte sich nach einem einfachen, ungezierten Wort aus unverzerrtem Frauenmund. Nach Lippen, die ohne Anfragung einer Etikette auf den seinen lagen, nach einem Herzen, das ihm herzlich zugetan war. Nach einem Kinde, das nicht »Fräulein« oder »junger Herr« tituliert wurde, sondern mit dem er reiten und jagen und spielen durfte wie mit sich selbst. Er hatte 1200–1210 in 24810 Versen im »Parzival« den Ritterroman der Deutschen geschaffen, er hatte ihnen den Spiegel vorgehalten. Aber es war schon eine vergangene edlere Zeit, die sich in ihm spiegelte. Der Dichter ist oft nur der Vollstrecker des letzten Willens einer Epoche, der er schon längst nicht mehr angehört. Der Stoff ist französischen und provenzalischen Vorbildern entnommen. Die Idee der Erlösung: christlich. Aber der Leidens- und Freudensweg, den Parzival gehen muß, seine Entwicklung vom ahnungsvollen, aber ahnungslosen Kind zum seiner Seele bewußten Mann ist ganz Wolframsche Prägung. Er ist den Weg des Knaben Parzival selbst gegangen.

G o t t f r i e d v o n S t r a ß b u r g (um 1210), Wolframs größter Zeitgenosse, war auch sein größter Gegner. Er fand den Parzival dunkel und verworren, ohne einheitliche Handlung und stellenweise schwer verständlich. Im Tristan stellte er dem Parzival sein Ritterepos gegenüber: von einer leidenschaftlichen Klarheit des Themas und der Formulierung und trotz der Leidenschaft nicht ohne

Zierlichkeit und Zartheit. Er hatte von seinem Standpunkt mit der Beurteilung des Parzival recht. In Wolfram und Gottfried spitzten sich, wie später bei Goethe und Schiller, zwei dichterische Typen bis ins Polare zu: der Pathetiker und der Erotiker. Wolfram-Schiller, das besagt: Kampf, Forderung, Dornenweg, Verblendung und Erlösung, Gottesminne, Jenseits. Goethe-Gottfried, das heißt: Sein, Genuß, selbst des Schmerzes, Blumenpfad, Sonnenblendung, Glanz und Erfüllung: Menschenminne, Diesseits.

Während die von Walter, Gottfried usw. geschaffene Kunstdichtung entartete, erlebte die deutsche Volksdichtung, das Volkslied und das Märchen, im 15. und 16. Jahrhundert ihre üppigste Blüte. Die schönsten der von Herder, Arnim und Brentano, Erk und Böhme später aufgezeichneten Volkslieder sind damals entstanden. Die Dichter der von den Gebrüder Grimm gesammelten Kinder- und Hausmärchen wandelten als Gumpelmänner, Vagabunden und Gott weiß was durch die deutschen Lande. Ihnen waren Tier und Blume, Berg und Teich wie Bruder und Schwester vertraut. Sie hatten kein ander Bett als die Erde, keine andere Decke als die Sternendecke des Himmels. Ein verlassener Ameisenhaufen war ihr Kopfkissen. Eichhörnchen hüteten ihren Schlaf, und der war voll von Träumen wie ein Kirschbaum im Juni voll von Kirschen. Da gaben sich der Froschkönig, die Bremer Stadtmusikanten, der Teufel mit den drei goldenen Haaren, der Räuberhauptmann, Frau Holle, Daumerling, Doktor Allwissend, das kluge Schneiderlein, der Vogel Greif und viele andere wunderliche und seltsame Wesen ihr heimliches Stelldichein. Und der Vogel Greif schnaufte: »Ich rieche, rieche Menschenfleisch …«, aber dann ließ er sich doch von seiner Frau übertölpeln (wie listig sind die Frauen, wenn sie lügen!). Die neidische und eitle Königin befragte den Spiegel an der Wand:

Spieglein, Spieglein an der Wand,
Wer ist die schönste im ganzen Land?

Und der Spiegel antwortete:

Frau Königin, Ihr seid die schönste hier.
Aber Sneewittchen über den Bergen
Bei den sieben Zwergen
Ist noch tausendmal schöner als Ihr.

Auf einem Lindenbaum saß ein Vogel, der sang in einem fort:

Kywitt, kywitt,
wat vörn schöön Vagel bün ick …

Aber dieser Vogel war kein richtiger Vogel. Es war ein Mensch, der sich nach seinem Tod in einen Vogel verwandelt hatte. Denn wir Menschen sterben nicht. Das Volkslied und das Volksmärchen läßt unsere Seele wandern. Vogel und Blume können wir werden: ja Blume auf unserem eigenen Grabe, dann kommt wohl die Geliebte, begießt uns mit Tränen, oder sie pflückt und drückt uns, Veilchen oder Lilie, an den Busen. Sind wir aber böse, so werden wir verflucht und verzaubert in Werwölfe. Die Wurzeln von Märchen und Volkslied gehen bis tief in die heidnische Vorzeit zurück, da des Menschen Frömmigkeit vom Diesseits, seine Augen von Sonne, Himmel und der weiten, weiten Welt ganz erfüllt waren. Ihm war der Tod nur eine andere Art des Lebens. Verwandlung. Eine Tür fällt ins Schloß, und eine andere geht auf. Auf Tag folgt Nacht, aber wieder Tag. Er war nicht zerrissen in Leib und Seele. Die waren eins. Die Märchen und Lieder sind so bunt wie die Natur selbst. Wie die Sonne über Gerechte und Ungerechte scheint, so fühlt der Dichter mit allen seinen Kreaturen, auch den erbärmlichsten. Irgendein armseliger Straßenräuber (der arme Schwartenhals) steht ihm so nahe wie die zwei Königskinder, die zueinander nicht kommen konnten, »das Wasser war viel zu tief«. Goethe ist ohne das deutsche Volkslied, Volksmärchen, Volksepos nicht zu denken. Er steht auf den Schultern von tausend anonymen Autoren, die kommen mußten, damit er kommen konnte. Im 15. und 16. Jahrhundert wurde der Grundstock gelegt zu jenem Gebäude des 18. Jahrhunderts voll vollendeter Klassizität, das den Namen Goethe tragen sollte. Aber auch Matthias Claudius, Clemens Brentano, Eichendorff, Heine haben mit den Bausteinen gearbeitet, die jene bescheidenen Männer schichteten. Vielleicht sind ihre Werke der lauterste Ausdruck des deutschen Kunstwillens und des deutschen Geistes, der dann am tiefsten ist, wenn er aus dem Unbewußten steigt, dann am reinsten, wenn er aus den dunkelsten Quellen schöpft. Diese Dichter ohne Namen tragen den Himmel in ihren Händen, aber sie stehen mit beiden Beinen fest auf der Erde.

Die Entwicklung des Menschengeschlechtes geht in Wellenbewegungen vor sich, wobei Wellenberg und Wellental einander folgen und der Scheitelpunkt des Wellenberges sich nur langsam erhöht.

Mit Walter von der Vogelweide, Gottfried von Straßburg, Wolfram von Eschenbach und dem Nibelungenliede hatte die junge deutsche Dichtung eine Höhe erreicht, von der sie bald kläglich wieder abstürzen sollte. Das Rittertum zerfiel und mit dem Rittertum die Ritterpoesie. Teils artete sie in allegorische Spielerei, teils in aufgeblasene Geckigkeit aus. Die Dichtung floh barfüßig und barhäuptig auf die Landstraße und fristete im Munde der Fahrenden von Dorf zu Dorf, von Haus zu Haus ihr Leben. Ins 15. und 16. Jahrhundert fällt die Blütezeit des deutschen Volksliedes. Zuweilen nahm sie ein Kloster auf, Dann sangen die Nonnen ein Lied, wie das geistliche Trinklied der Nonnen am Niederrhein. Zuweilen fand sie Unterschlupf bei braven Bürgersleuten. Das Bürgertum war im Aufstieg begriffen. Es gab wohlhabende Bürger, deren Söhne sich das Dichten leisten konnten. Sie meinten, die Dichtung würde sich hinter dem Ofen, in der Wärme, in dem Dunst satter Behäbigkeit recht wohl fühlen. Sie stopften ihr den Magen mit allerlei guten Dingen, aber sie taten des Guten zuviel, daß sie erbrach. Von der graziösen Handhabung der Sprache durch Meister wie Gottfried oder Walter blieb nicht viel übrig. Der Rhythmus fiel auseinander – was Hebung, was Senkung –, man zählte einfach die Silben zusammen. Aus dem Minnesang erwuchs der Meistergesang. Der Tiroler Oswald v. Wolkenstein († 1445) versuchte noch einmal den ritterlichen Pegasus aufzuzäumen. Er brach unter ihm zusammen; seine Zeitgenossen nahmen das Zaumzeug und schnitten die Flügel von dem verendenden Tier. Sie klebten sie ihren plumpen Dorf- und Stadtgäulen an und bildeten sich nun ein, sie würden fliegen. Die ritterliche Rüstung schepperte als viel zu groß um ihre dürren Glieder. Auch wagten sie, ihrer Unzulänglichkeit irgendwie bewußt, schon nicht mehr einzeln als Individualisten aufzutreten. Sie dichteten kollektiv gleich in ganzen Gruppen, Gilden und Vereinen. Sie imitierten die Form ohne den Geist. Diese Form ist lehr- und lernbar. Man wird, wie beim Handwerk, erst Dichterlehrling, dann Dichtergeselle, dann Dichtermeister. Wobei Dichter- und Bäckermeister oft dasselbe sind. Aber die Brote geraten ihnen besser als die Gedichte. In den Meistersingerschulen wurde nach der Tabulatur das Dichter-Abc gelehrt. Um 1450 wurde die erste Meistersingerschule in Augsburg gegründet. Wenige Jahre später finden sie sich in fast allen größeren Städten. Sie fechten Wettkämpfe miteinander aus. Sie überbieten sich in der Erfindung verschrobener und gekünstelter Versmaße. Der Vollender und Überwinder des Meistersanges ist Hans Sachs, geboren 1494 in Nürnberg, das eine der berühmtesten Meistersingerschulen sein eigen nannte. Hans Sachs war Schuhmacherlehrling, als ihm der Weber Nunnenbeck die Anfangsgründe der Meistersingerkunst beibrachte. Er ging wie ein rechter Schuster auf die Wanderschaft, kehrte, nachdem er so viele Erfahrungen gesammelt als er Schuhe besohlt hatte, 1519 in seine Heimat zurück, die durch Peter Vischer und Albrecht Dürer zu einem Haupt- und Vorort deutscher Kultur geworden war. Seine eigentlichen Meistergesänge (über 4000) sind unbedeutend, da und dort überraschen sie durch ein originelles Bild oder eine witzige Wendung. Freier entfaltet sich sein Talent schon in seinen Sprüchen (etwa 1800), die in ihren kurzen Reimpaaren klingen, als wären sie mit dem Schusterhammer zusammengeklopft. Hans Sachs war einer der ersten, die sich in Nürnberg zu Luther bekannten. Einzigartig zeigt er sich in seinen (über 1000) Schwänken und Fastnachtsspielen. Sein Humor ist der Humor der deutschen Seele. Seinen Witz hat er aus seiner Handwerksburschenzeit bis in sein 82. Jahr hinübergerettet. Er hat es in seinen Schwänken auf moralische Wirkung abgesehen, aber diese moralische Wirkung erstickt in einem Gelächter oder tritt zurück hinter dem Wie der Darstellung. Wir nehmen die Menschen aus seiner Hand entgegen wie aus Gottes Hand: so wie sie sind: gut und böse. Wie langweilig wäre die Welt, wenn alle Menschen brav wären und alle eine moralische, einheitliche graue Tugenduniform trügen. (Gott selber würde sich zu Tode langweilen und kurz vor seinem Tode noch den Teufel neu erschaffen.) Wenn es nur noch Hasen auf der Welt gäbe und keinen Fuchs mehr, der den Hasen frißt, und keinen Jäger, der sie beide schießt und sich den Hasen braten läßt! Dies nur nebenbei zu Hans Sachs.

Die Welt krachte damals in allen Fugen. Die ersten Wehen der Reformation kündeten eine neue Ära an. Sebastian Brant aus Straßburg (1458–1521) hatte als Sohn eines Gastwirtes früh offene Augen für die Lächerlichkeiten und Laster seiner Mitmenschen bekommen. In Übergangszeiten, wo die Begriffe schwanken und wie Karten eines Kartenspieles durcheinandergemischt werden, pflegen sich alle närrischen Eitelkeiten der Menschheit wie in einem konkaven Spiegel noch ins Breite zu verzerren und zu vergröbern. Sebastian Brant studierte

Recht – ohne es irgendwo zu finden. Er promovierte an der Universität Basel. 1494 erschien sein »Narrenschiff«. Auf dieses hatte er alle Narren zu Gast gebeten, die er nur auftreiben konnte. Aber das Schiff erwies sich als zu klein. Die Säufer, die Gecken, die Spieler, die Kirchenschänder, die Geizhälse, Wucherer, Studenten, Ehebrecher, Huren füllten es bis an den Rand. Auch du, lieber Leser, und ich, wenn wir nur ein wenig in uns gehen und nachdenken: wir befinden uns unter jenen Narren. Sebastian Brant hat uns, fünfhundert Jahre, bevor wir geboren wurden, trefflich abkonterfeit. Aber es ist ein Bild, das wir uns nicht hinter den Spiegel stecken oder unserer Base zum Geburtstag schenken werden. – Zwanzig Jahre nach dem Narrenschiff legte Knecht Rupprecht 1519 den Deutschen die erste Ausgabe des Volksbuches von Tyll Eulenspiegel auf den Weihnachtstisch. Die hatten eine Freude wie wohl seit hundert Jahren nicht über ein Buch. Noch im 16. Jahrhundert erschienen achtzehn deutsche Ausgaben; es wurde sofort ins Vlämische, Niederländische, Englische und Französische übersetzt. Woher dieser spontane Erfolg? Brants Narrenschiff war eine mehr oder weniger literarische Angelegenheit gewesen, im Eulenspiegel sah und lachte das Volk sich wieder einmal selber ins Gesicht. In allen Fastnachtskomödien war er ja schon als Kasperle oder Hanswurst figürlich aufgetreten, hier hatte man seine in wohlgesetzte Worte gebrachte Biographie des komischen Heldenlebens. Eulenspiegel, der ernsthafte Schalk, ist die Typisierung der einen Seite des deutschen Ideals, dessen andere Seite (ob Rück- oder Vorderseite der Medaille bleibe dahingestellt) den Doktor Faust, titanischen Ringer um die letzten

Probleme, zeigt. Eulenspiegel tritt auf als Richter der Menschheit: er richtet sie mit einem schiefen Zucken seines Mundes, mit der sofortigen Realisierung ihrer Ideen, deren Wert und Möglichkeit dadurch ad absurdum geführt werden. Er ist zugleich leicht- und tiefsinnig. Seine Späße exemplifizieren das Chaos. Sie dozieren bis zur Brutalität das Bibelwort: Der Mensch ist aus Dreck gemacht. Das Urbild des Tyll Eulenspiegel hat wirklich gelebt. Chroniken berichten von seinem 1350 zu Mölln erfolgten Tode, wo noch heute sein Grabstein gezeigt wird. Vorher waren schon Schwankbücher wie Jörg Wickrams »Rollwagenbüchlein« oder des Bruders Johannes Pauli »Schimpf und Ernst« (1522) Mode geworden: Bücher, die heitere oder moralische Anekdoten erzählten, die sich nicht um einen einzelnen Narren gruppierten: die damalige Reiselektüre, auf den Rollwagen mitzunehmen. Wobei zu bemerken ist, daß diese Reiselektüre unendlich gehaltvoller war als die heute verbreitete. Bruder Johannes Pauli ist ein belesener und witziger Mann, der ausgezeichnet zu erzählen vermag und unsere Stratz und Höcker überragt wie ein Kirchturm eine verkrüppelte Kiefer. Da liest man folgendes: »Man zog einmal aus in einen Krieg mit großen Büchsen und mit viel Gewehren, wie es denn Sitte ist; da stund ein Narr da und fragte, was Lebens das wäre? Man sprach: Die ziehen in den Krieg! Der Narr sprach: Was tut man im Krieg? Man sprach: Man verbrennt Dörfer und gewinnt Städte und verdirbt Wein und Korn und schlägt einander tot. Der Narr sprach: Warum geschieht das? Sie sprachen: Damit man Frieden mache! Da sprach der Narr: Es wäre besser, man machte vorher Frieden, damit solcher Schaden vermieden bliebe. Wenn es mir nachginge, so würde ich vor dem Schaden Frieden machen und nicht danach; darum so bin ich witziger als Eure Herren.« Hätten wir Deutschen vor dem Kriege Johannes Pauli als Reiselektüre gelesen an Stelle von Walter Bloems »Eisernem Jahr«: vielleicht wäre es nicht zum Kriege gekommen, und wir hätten uns dieses Narren Meinung zu Herzen genommen.

L u t h e r wurde 1483 in Eisleben als Sohn eines herrischen Vaters geboren. Er verbrachte seine Jugend mißmutig, störrisch, verprügelt, und richtete schon früh sein Auge von der Misere außen nach innen. Sein Vater hat ihn hart geschlagen: daß er wie ein Stein oder ein Stück Holz schien. Aber hinter der harten Schale verbarg sich ein weicher und süßer Kern. Sein »Hier stehe ich, ich kann nicht anders, Gott helfe mir, Amen!« wird immer ein Fanfarenruf aller aufrechten Männer sein. Sein Reformationswerk war eine historische Notwendigkeit. Aber die Historie wandelt sich von Jahrhundert zu Jahrhundert, von Jahrzehnt zu Jahrzehnt. Bismarcks Werk schien auf Felsen gegründet: wenige Jahrzehnte genügten, es zu unterhöhlen, bis es 1918 mit einem gewaltigen Krach zusammenstürzte. Auch über Luthers Reformation ist das letzte Urteil von der Geschichte noch nicht gefällt. Unsere heutige evangelische Kirche spricht in ihrer aufklärerischen, kahlen, gottlosen Nüchternheit nicht für eine lange Dauer. Die Zeit will wieder fromm werden. Luther war ein religiöser Mensch, die Lutheraner sind theologische Dogmatiker oder rationalistische Moralisten. Sie bezweifeln das Wunder, wollen Natur- und

Kirchengeschichte unter denselben Pfaffenhut bringen: aber wer das Wunder bezweifelt, bezweifelt Gott selbst. Luther hat die damalige Christenheit, unterstützt von der humanistischen Vorrevolution des Geistes, von der römischen Knechtschaft befreit, aber er hat den Deutschen den schlechtesten Dienst erwiesen, als er in den Bauernkriegen Partei für die Fürsten ergriff und durch seine sophistische Auslegung der Bibel im monarchistischen Sinne (»Gebt dem Kaiser, was des Kaisers ist … es ist euch eine Obrigkeit gesetzt von Gott, der sollt ihr untertan sein …«) die Deutschen unter die absolute Tyrannei der Fürsten brachte und Tyrannei und Sklaverei nun gar noch ethisch zu fundieren trachtete. Hier trieb der einst in seiner Jugend vom Vater in ihm gezüchtete und herangeprügelte Autoritätswahn häßliche Blüten. Daß der »Untertan« den Deutschen noch heute so tief im Blute steckt, daß selbst die Revolution 1918 ihn nicht auszuroden vermochte, das ist nicht zum wenigsten auf die Philosophen des Staatsrechts und des Machtwahns: Bismarck, Hegel, Luther zurückzuführen. Luther aber war ihr bedeutendster und also verderblichster Vertreter. Erscheint seine historische Stellung in mindestens zweifelhaftem Lichte, so ist seine Stellung in der deutschen Literatur eindeutig fest und steil gefügt. Die Bedeutung der Lutherschen, 1534 vollendeten Bibelübersetzung kann nicht überschätzt werden. Es ist, als hätte Luther die neue deutsche Sprache überhaupt erst geschaffen. Aus so mangelhaften Vorlagen wie der sächsischen Kanzleisprache und der obersächsischen Mundart zimmerte er wie ein Geigenbauer jenes klingende Instrument, auf dem entzückt und berauscht wir heute noch spielen dürfen.

Er aber war der Töne Meister wie Arion: und wenn er sprach, dann schwieg die Nachtigall, dann hob der Esel lauschend den behaarten Kopf – dann verstummten selbst die Humanisten mit ihrem lateinischen Geplauder, und Ulrich von Hutten konnte auf einmal deutsch statt lateinisch denken und dichten. »Ich hab's gewagt.« Die deutsche Sprache war den gelehrten Herren bisher zu grobschlächtig gewesen für ihre Spitzfindigkeiten. Sie wollten nichts mit dem Pöbel gemein haben, und es war ihnen gerade recht, daß man sie in der Menge nicht verstand. Nun aber hörten sie erstaunt, gleichsam zum erstenmal, den Klang der deutschen Sprache. Das war wie Möwenschrei über der Elbe, wie Amselsang im Frühling, wie Herbstwind in den Sandsteinfelsen, wie Quellengeriesel im Eichenwald. Und einer nach dem andern tat sein in Schweinsleder gebundenes lateinisches und griechisches Lexikon in den Bücherschrank zurück und legte die Luthersche Bibel auf den Schreibtisch und fand darin sein Morgen- und sein Abendgebet. Auch Luthers Flugschriften, wie »Von der Freiheit eines Christenmenschen«, flogen durch das Land, und in Kirchen und auf Straßen sang es: »Komm, heiliger Geist, kehr bei uns ein«. Und sie, die tumben Bauern, die im Vertrauen auf seine Lehre und ihren Lehrer sie in die Tat umzusetzen versuchten (denn was ist die Idee ohne die Tat? Das ist wie Seele ohne Leib, wie Duft ohne Blume): sie starben, als sie von ihm verlassen wurden, hingeschlachtet von den Schwerthieben der Söldner, mit dem Ruf: »Ein feste Burg ist unser Gott …« Luthers kernige und fröhliche Tischreden, die von seinen Freunden aufgezeichnet wurden, beweisen, was für ein großer Redner er war. Er steckte damit wohl alle heutigen Volkstribunen in die Tasche: nur schade, daß er selber kein Volks-, sondern ein Fürstentribun war.

Luther starb 1546 in Eisleben. Von seiner geistlichen Lyrik nahm das evangelische Kirchenlied seinen Anfang. Ihre schönsten geistlichen Lieder verdankt die evangelische Kirche Paul Gerhard (1607–1676, starb in Lübben als Prediger). Ein einfaches Gemüt paart sich mit einem streitbaren Gotteseifer und einem unbeirrbaren poetischen Formgefühl. Wir alle, die wir Evangelische (ach! keine Evangelisten mehr …) sind, haben als Kinder diese Gedichte in der Konfirmationsstunde auswendig gelernt und in der kahlen Dorfkirche gesungen. In ihnen durfte sich das kindliche Gemüt Gott wahrhaft nah fühlen. Die Musik dieser Verse strich uns, wenn der lahme Küster die Orgel spielte, wie mit Vaterhänden über die Stirn, und unsere kindlichen Sorgen beschwichtigte das singende Geständnis, das unsere Lippen hauchten: Ich weiß, daß ein Erlöser lebt … Abends aber, wenn nach des Tages Arbeit wir mit Vater und Mutter und mit den Knechten und Mägden vor der Tür in der lauen Sommerluft saßen, eine Kuh verschlafen im Stalle muhte, die Hühner auf der Stange hockten, den Kopf im Gefieder, dann stimmte mein Großvater an, und wir fielen alle leise ein:

Nun ruhen alle Wälder,
Vieh, Menschen, Städt' und Felder …

Von der lutherischen zur katholischen Kirche trat Angelus Silesius (aus Breslau, 1624–1677), der cherubinische Wandersmann, über. Er schrieb nach seiner Bekehrung jene mystischen Zweizeiler, in denen die »ägyptische Plage« des Dreißigjährigen Krieges einen so prägnanten, überaktuellen Ausdruck fand.

Um diese Zeit begann Magister Opitz (aus Bunzlau, 1597 bis 1639) seine lehrhafte Tätigkeit. Es ist heute leicht, sich über eine Menge seiner Unarten und Albernheiten lustig zu machen: sein Verdienst um die Hebung des allgemeinen Niveaus kann nicht bestritten werden. Ohne Opitz kein Gottsched, ohne Gottsched kein Herder, ohne Herder kein Goethe.

Paul Fleming (aus dem sächsischen Erzgebirge, 1609 bis 1640) wandelte als Planet im Gefolge der Opitzschen Sonne. Aber es sollte ihm gelingen, eigene Bahnen zu finden und sie zu überstrahlen. Seine zärtliche Liebe zu Elsabe schenkte der deutschen Dichtung einige ihrer schönsten Liebesgedichte. Fabrikanten von protestantischen Gesangbüchern haben es sich nicht nehmen lassen, ihre dogmatische Giftmischerkunst daran zu versuchen und umgekehrt, wie einst Christus, Wein in Wasser zu verwandeln. Sie setzten nämlich für Elsabe Jesus, und wenn im Liede Elsabe ihr Jawort gibt, so modeln sie das in: »Jesus gibt sein Ja auch drein«. Zu dieser Verballhornung hat Jesus sicher sein Ja nicht drein gegeben. Er wird im Himmel sanft gelächelt haben, denn er kennt seine Pfaffenheimer.

In der Lyrik der Schlesier Hofmann von Hofmannswaldau (1617–1679) und Daniel Caspar von Lohenstein (1635–1683) spielt

Venus, prunkvoll aufgeputzt, eine triumphierende Rolle. Wenn sie, wie zuweilen bei Hofmannswaldau, vom Venuswagen steigt, ihr überladenes Geschmeide abtut und ein hübsches Breslauer Bürgermädchen wird, braunhaarig, braunäugig, rotwangig: da wird sie uns lieb und vertraut, wir setzen uns gern zu ihr ins Gras und lassen uns ein ihr zu Ehr und Preis verfertigtes Lied des Herrn von Hofmannswaldau mit leiser Stimme ins Ohr singen. Caspar von Lohenstein huldigte seinerseits neben der Venus den Göttern Mars und Mors. Er schrieb schwulstige Tragödien von schauerlicher Blutrünstigkeit. Der Entfaltung der Sitten und der Entwicklung der Tugend war die Zeit des Dreißigjährigen Krieges nicht gerade günstig. Im großen und im kleinen wurde geplündert, gemordet und vergewaltigt. Der Fürst vergewaltigte das Land, der Landsknecht die Bauernmagd. Zum Besten des Vaterlandes und zu höherer Ehre Gottes wurden die abscheulichsten Taten getan. Der Wiener Hofkapuziner Abraham a Santa Clara (1644–1709) wetterte in seinen Reden und Predigten mit Stentorstimme und einem gewaltigen Aufwand an schnurrigem Pathos gegen die Sittenlosigkeit, wobei er wenig genug ausrichtete. Der Elsässer Moscherosch (1601 bis 1669) malte in seinen »Gesichten Philanders von Sittewald« die Verrottung der Zeit, die ihre höchste dichterische Formung in Christoph von Grimmelshausens (aus Hessen, 1625–1676) »Abenteuerlichem Simplizissimus« fand. Neben dem Grübler Faust, dem weisen Narren Eulenspiegel kann man den reinen Toren Parsival als die dritte Verkörperung der deutschen Seele ansprechen. Parsival heißt bei Grimmelshausen

Simplizissimus. Alle die vielfältigen Anfechtungen besiegt und überwindet die einfältige Seele, die groß und einfach in sich selber ruht, wie eine Perle in der Muschel. Der Hintergrund des Romans ist das zerrissene und zertretene Deutschland des Dreißigjährigen Krieges. Andreas Gryphius (aus Großglogau, 1616–1664) erlebte das allgemeine Elend seiner Zeit am eigenen Leibe und an eigener Seele nicht typisch wie Grimmelshausen, sondern individuell: und es gelang ihm, es bis zur reinsten lyrischen Gestaltung zu verklären. Das Leitmotiv seiner Gedichte ist das christliche Symbol von der Vergänglichkeit des Menschen und der Eitelkeit alles Irdischen. Dieses ursprünglich religiöse und fast kirchlich-dogmatische Gefühl vertieft sich in seinen Sonetten grandios künstlerisch zur Weltanschauung einer erschütternden Resignation und eines erhaben schmerzlichen Pessimismus. Die grauenvolle Zeit, die in dem Krieg und in dem Frieden, in dem wir heute gezwungen sind zu leben und zu sterben, eine Parallele findet, duldete keines fröhlichen Weltfreundes rosenroten Optimismus. Vanitas! Vanitatum vanitas! Es ist alles eitel. Daß auch der Seelen Schatz so vielen abgezwungen – dies ist die bitterste Erfahrung, die uns auch der große Krieg von 1914 bis 1918 gelehrt hat. Lüge, Heuchelei, Mammonismus und Materialismus haben die Seelen regiert, und wo ist jemand, der da sprechen kann, daß die seine im Schwertertanz ums goldene Kalb ganz frei davon geblieben? Stoßt das goldene Kalb vom Sockel und setzt eine weiße Marmorstatue der Göttin der Liebe, der Welt- und Gott- und Menschenliebe an seiner statt und nehmt euch bei den Händen und schlingt um das Denkmal wie mit Rosenketten den

Frühlingsreigen einer besseren Zeit. – Elegie und Ironie wohnen nahe beieinander. In Gryphius' Lustspiel »Horribilicribrifax« schwingt er spöttischen Mundes die Geißel über Halbbildung und Phrasentum, die sich als Folge der Überschätzung alles Militärischen besonders beim Offiziersstand bemerkbar machten. Der aufschneiderische Maulheld Horribilicribrifax ist eine köstliche Figur, die man heute noch leibhaftig herumlaufen sehen kann. – Einen bürgerlichen Maulhelden nahm sich Christian Reuter, ein Leipziger Student (geboren 1665), eine unstete Vagantennatur, die irgendwo im Elend verdarb und starb, zum Vorbild; es ist der Signor Eustachius Schelmuffski, dessen wahrhaftige, kuriose und sehr gefährliche Reisebeschreibung zu Wasser und zu Lande auf das vollkommenste und akkurateste er an den Tag gab. Diese lügenhafte Reisegeschichte, die Schelmuffski über Schweden, die Bretagne, Rom bis nach Indien führt (sie ist dem hochgeborenen großen Mogul dem Älteren, weltberühmten Könige oder vielmehr Kaiser in Indien gewidmet ...), ist einer der besten komischen Romane der Deutschen und nebenbei ein ergötzlicher Zeitspiegel. Auch Gryphius und Grimmelshausen spiegelten die Zeit. Sehen wir in ihren Zeitspiegel, steigt die Träne ins Lid.

Wie ein Sturmwind braust Johann Christian Günther (aus Striegau, 1695–1723), der Götterbote einer neuen Zeit, in die deutsche Dichtung. Er schmiedete ihr die Waffen, mit denen sie später unter Goethe den himmlischen Sieg erfechten sollte. Was wäre der Sturm und Drang ohne Günther? Was Goethe ohne Günther geworden? Er war sein Vorläufer, sein Johannes, der ihm die Wege bereitete. Wie in Frankreich der Vagant François Villon, so steht in Deutschland der ahasverische Wanderer Johann Christian Günther, Student und Vagabund, der Unstete, der Schweifende, am Anfang der neuen Dichtung. Nur wer den Mut zu Ab- und Seitenwegen hat, der wird auch neue Wege finden. Darum sind alle diese Pfadfinder von schwankender Menschlichkeit und durchweg, wenn auch nicht immoralisch, so doch amoralisch gerichtet. Sie sind verdammt, Lasten und Laster einer Generation vorweg zu nehmen und zu schleppen, die nach ihnen kommt. Diese hat ihre Freiheit der Unfreiheit, ihre schwebende Leichtigkeit der stampfenden Schwere jener zu danken. Jene sind wie Stiere, diese wie Sonnenadler. Der junge Goethe als Student in Leipzig: das ist eine wörtliche Neuauflage des jungen Günther. Der nie ein alter Günther werden sollte, denn er starb im 28. Jahre an einem Blutsturz. Diesen Blutsturz erlebte auch Goethe in Leipzig: aber er überstand ihn und ging gekräftigt aus der Krise hervor. Günther hatte sein Blut verströmt. Sein junges Leben und Dichten ist ein Verbrennen und Verbluten. Er ist der erste Dichter, der sich bewußt außerhalb der bürgerlichen Gesellschaft stellt, und der dadurch jenen latenten Konflikt mit seinem starrköpfigen Vater heraufbeschwor, der nicht wenig zu seiner Erbitterung und Verbitterung und zu seinem vorzeitigen Zusammenbruch beigetragen hat. Gar so leicht wurde es dem Kinde nicht, von selbst gehen zu lernen in einer Welt, die sich ihm feindlich gegenüberstellte, und die Ablösung von der Nabelschnur, die ihn in den Eltern mit dem Bürgertum verband, geschah nicht ohne Krämpfe und Schmerzen. Er hatte Feinde »ringsum«. Seine wilde Leier wünschten Tausende ins Feuer, »denn sie rasselt allzuscharf«. Wie ein von allen gemiedener räudiger Hund lief er durch Deutschlands Straßen. Da übermannte ihn die Verzweiflung, daß er zu sterben wünschte, weil Leonore selbst ihn verlassen. Aber er reißt sich wieder empor, die Tränen versiegen, die Faust ballt sich:

Ich will hoffen, Hoffnung siegt.

Und abends, auf der Dorfstraße, wenn er ein schönes Mädchen am Zaun stehen sah, konnte er wieder lächeln. Er lächelte und lachte ihr und sang ihr zu:

Schönen Kindern Liebe singen
Ist das Amt der Poesie,

und reichte ihr galant den Arm und spazierte mit ihr in den Wald oder auf den Kirchhof, und auf den Gräbern der Toten blühten die Küsse der Lebenden und Liebenden wie Jasmin und Tulipan.

Gelangt er bei seiner Wanderung in eine Universitätsstadt, versammelt er eine Genossenschaft junger trunkener Menschen um sich und singt ihnen das schönste deutsche Studentenlied:

Bruder, laßt uns lustig sein,
Weil der Frühling währet …

Sein Lorbeer grünt, wie er selber sang, auf die Nachwelt hin. Sein Name dringt durch Sturm und Wetter der Ewigkeit ins Heiligtum.

Mit Günther gleichaltrig ist der Ostpreuße J o h a n n C h r i s t o p h G o t t s c h e d (1700–1766), der der deutschen Literatur mit professoraler Weisheit und deutend erhobenem Zeigefinger: dies darfst du! und: dies darfst du nicht! auf die Beine helfen wollte. Ich weiß nicht, ob er Günther gekannt hat. Jedenfalls hätten ihn seine Wildheit und sein Feuer bestürzt und erschreckt. Er war für das Manierliche und Moralische. Bürgerlich-wohlanständig, klar, deutlich und nüchtern hatte die Poesie zu sein. In seinem »Versuch einer kritischen Dichtkunst für die Deutschen« stellte er eine enge und beschränkte Theorie auf und verlangte mit der Geste eines Diktators, daß sich jeder Dichter – immer mal wieder – strikt danach zu richten habe, ansonst der Herr Lehrer ihm eine Fünf ins Büchel schreibe. Das Wichtige an Gottscheds dramaturgischen Leistungen ist das Wagnis, das Experiment. Andere erst sollten aus seinen Erfahrungen lernen. Der Liebling des Lesepublikums wurde Christian Fürchtegott Gellert (aus Sachsen, 1715–1769). Denn er vereinigte die damaligen Richtungen harmonisch in sich: Gottscheds Steifheit, Bodmers »moralische« Phantasie, Hallers gebirgiges Barock und eine milde pietistische Frömmigkeit, die seit Gerhard und Gryphius aus der deutschen Dichtung nicht verschwunden war. Zu seiner Volkstümlichkeit trug nicht wenig ein ehrenfester, lauterer Charakter bei. In ihm durfte das Bürgertum sein Ideal sehen: selbst Friedrich der Große, der in seiner Schrift »Von der deutschen Literatur« vor der deutschen Dichtung absolut keinen Respekt zeigte, verneigte sich huldigend vor dem kleinen Leipziger Professor der Beredsamkeit und Moral. Seine Fabeln, Erzählungen und geistlichen Lieder plätschern sacht und sanft daher, hie und da mit einem Schuß gutmütiger Bosheit versehen, gerade so boshaft, daß es nicht weh tut. Weh tun wollte diese personifizierte Güte niemandem. Er war nicht nur ein Fürchtegott, sondern auch ein Fürchtemensch und Fürchtetier. Daß das Tier in ihm wie in jedem Menschen lebendig war, beweist eine in mancher Fabel durchbrechende Lüsternheit, die zu unterdrücken seine ganze moralische Kraft notwendig war. Denn er war zu krank, um einer animalischen Lust recht und wahrhaft leben zu können wie Friedrich von Hagedorn (aus Hamburg, 1708–1754), der Anführer einer ganzen Schar galanter Herren, die in erster Linie Kavaliere, in zweiter erst Dichter sein wollten und die Anbetung der Muse und der geliebten Frau höchst zweckmäßig vereinten.

Auf dem Wege über die Romanen waren Horaz und Anakreon zu den Deutschen gekommen. Bei dieser Wanderung hatten sie manches von ihren ursprünglichen Reizen verloren und manches an neuen Reizen hinzubekommen. Anakreon war in Frankreich ein leichtfertiger, eleganter Schürzenjäger, Horaz im Gefolge der päpstlichen Höfe ein überaus witziger, wohlbeleibter, immer leicht angetrunkener Domherr geworden, dem ein Kranz voll Weinlaub die Tonsur verdeckte, und bei dem die schönen Damen von Rom und Ravenna gern und willig beichteten, denn er sprach sie lächelnd von vornherein aller Sünden ledig. Anakreon und Horaz sind die Väter des französischen und des deutschen Rokoko: die griechischen Götter, nach französischer Mode aufgeputzt, Eros und Silen führten den trunkenen Reihen der Poeten, die sich griechische Namen gaben, wie Damon oder Bathyll, und ihrer liebreizenden Schäferinnen: Phyllis oder Chloe gerufen. Das ländliche Leben wurde Mode. Aber es war nur ein Aufputz. Die Damen frisierten sich als Bäuerinnen, ihr Herz war von der Natur recht weit entfernt, jede Berührung mit der wahren Natur und ihrer Derbheit erschreckte sie. Sie kleideten sich in Hirtenkleider, die ein Pariser Modekünstler entworfen hatte, und hüteten auf wohlgepflegten Wiesen kurz geschorene, weiß gewaschene, saubere Lämmchen, mit rosa Bändern am Hals und einer kleinen Glocke daran. Und die Hirtenstäbe der Herren waren mit Silber und Gold besetzt. Die anakreontische Lyrik beginnt, ungeschickt angeschlagen, schon bei den Pegnitzschäfern in Nürnberg um 1644 zu erklingen, einer der sogenannten Sprachgesellschaften, die im Anschluß an die Meistersingerschulen entstanden. Die Dichter dieser Gesellschaft, zu denen auch der gute Philipp Harsdörffer gehört, der Erfinder des »Nürnberger Trichters« (mit dem er den bedauernswerten Zeitgenossen die Poesie künstlich eintrichtern wollte), führten je einen Hirtennamen und als Symbol je eine Blume im Dichterwappen. Hagedorn und seine Kameraden sind begabter als ihre Vorläufer im 17. Jahrhundert. Die Hainbündler, die Stürmer und Dränger, der junge Goethe: sie konnten lange nicht von den hier angeschlagenen Tönen loskommen. Aber außer Goethe gelang es noch einem Lyriker, seiner im Walde der Anakreontik geschnitzten Flöte eigene Töne zu entlocken: Johann Georg Jacobi (aus Düsseldorf, 1740–1814). »Ihm war die Grazie (– übrigens das Lieblingswort der Epoche! –), die so mancher Anakreontiker sich mühsam anlernen mußte, angeboren« heißt es im Vorwort zu seinen

»Sämtlichen Werken«. Verse wie die »An ein sterbendes Kind« gerichteten, sind rhythmisch so kühn und neu, daß sie von Goethe sein könnten.

Gottfried Keller hat in seiner Novelle »Der Landvogt von Greifensee« ein reizendes Bild von einem ländlichen Fest gemalt, das der Zürcherische Dichter Salomon Geßner (1730–1788) auf seinem Landhaus im Sihlwald seinen Freunden gibt. Dieser Salomon Geßner ist der Schöpfer der deutschen Idylle. Sein Talent ist begrenzt, aber innerhalb der Grenzen seines Talents bewegt er sich mit vollendeter Sicherheit und Anmut. Er gehört zu den allerliebenswürdigsten Erscheinungen der deutschen Dichtung. Geßner war einmal eine europäische Berühmtheit. Es wird nicht besser werden in der Welt, ehe es Geßner nicht wieder ist. Wir werden erst dann den ewigen Frieden haben, wenn arkadische Dichter wie er wahrhaft populär geworden sind.

Ist Opitz als Privatdozent, Gottsched als außerordentlicher Professor der deutschen Literatur anzusprechen, so darf man Gotthold Ephraim Lessing (geboren zu Kamenz, 1729) den Titel eines ordentlichen Professors und vortragenden Rates mit dem Prädikat Exzellenz nicht vorenthalten. Er ist nicht so langweilig wie die, die sich bei ihm langweilen. Aber er ist auch nicht der beschwingte Genius und Fackelträger, zu dem man ihn hat empordichten wollen. Ernst, behutsam und bedächtig suchte er mit seiner Laterne das Dunkel der deutschen Dichtung zu erhellen, und es gelang ihm, über viele dämmerige und nachtschwarze Stellen Licht und Erkenntnis zu verbreiten. Das besorgte er besonders mit seinen »Briefen, die neueste Literatur betreffend«. Da rief er Shakespeare, den Zauberer aus dem Wunderland der Wirklichkeit, zum Zeugen auf gegen Gottscheds Schablonenidealität. Da hob er den Mythos von Faust ans Licht, entdeckte entzückt das deutsche Volkslied und einen verschollenen Poeten wie Friedrich von Logau. Die Schrift Laokoon oder über die Grenzen der Malerei und Poesie hat zu seiner Zeit alarmierender gewirkt als heute in den Primen der Gymnasien. Die klare Unterscheidung von den Möglichkeiten, von Harmonie und Differenz zwischen Malerei und Poesie tat dazumal bitter not. Denn die sogenannte beschreibende und malende Poesie, von Opitz eingeführt, von Haller, Matthisson und vielen minderen fortgeführt, drohte in ihren Auswüchsen die gerade nur erst hügeligen Ansätze einer neuen Dichtung völlig zu verflachen. Indem er die Plastik als räumlich, die Dichtung als zeitlich (nicht im historischen Sinne) bedingt definierte, eröffnete er auch Perspektiven auf Raum und Zeit, auf Traum und Ewigkeit schlechthin. Er rief den Dichtern zu: Nicht rasten! Nicht ruhen! Ruhe, Beharrung ist das Zeichen der bildenden Kunst. Ihr müßt, berlinisch gesprochen, Leben in die Bude bringen. En avant! Vorwärts! Attacke! Professor Lessing gerät hier in Feuer. Auch in der »Hamburgischen Dramaturgie« (1767 bis 1769) zeigt er sich reichlich temperamentvoll, wie er mit den französischen Klassikern herumfährt, daß ihnen nur so der Puder aus den Perücken fährt. Er restituiert Aristoteles und versetzt die wahre tragische Handlung in die Seele des Menschen. Den Regeln, die er in der Hamburgischen Dramaturgie aufgestellt, versucht er in einigen Dramen nachzuleben. In »Miß Sarah Sampson« wagt er schon 1755 das Drama von jeder Staatsaktion zu entkleiden und steigt ins gut, ins schlecht bürgerliche Milieu hinab. Er wollte beweisen, daß nicht bloß eine Prinzessin, sondern auch ein einfaches Bürgermädchen seine Tragödie erleben kann. Die französischen Klassiker reservierten prinzipiell das Tragische den Herren und Damen vom Hofe und den Göttern. In »Minna von Barnhelm« haben wir, trotz mancher Schwächen im einzelnen, eine wirkliche Dichtung. Professor Lessing lege seinen ersten Titel ab und sei Dichter Lessing genannt. Mit dem Prinzen von Homburg ist der Major von Tellheim einer der wenigen sympathischen preußischen Charaktere in der deutschen Literatur. In »Emilia Galotti« tritt Lessing unter der Maske des Odoardo als Richter den Fürsten seiner Zeit entgegen. Und sei hier nicht mehr Dichter, sondern Richter Lessing genannt. In »Nathan dem Weisen« faßt Lessing seine drei bisherigen Berufe noch einmal zusammen: hier ist er der Philosoph, der Dichter, der Richter. Hier predigt er die allgemeine Toleranz, die große Liebe. Der christliche Tempelherr, der Mohammedaner Saladin und der Jude Nathan feiern den Bruderbund der Menschheit. Die gute Idee ist nichts ohne die gute Tat. Gut denken heiße: gut sein. Zwei Jahre nach der Vollendung des Nathan vollendete sich Lessing selbst.

Das Größte an Klopstock (aus Quedlinburg, 1724 bis 1803) ist sein patriarchalisches Pathos. Es scheint, als hätte er schon Schulpforta mit neunzehn Jahren als Patriarch und Weltmeister verlassen. In seiner Abschiedsrede klingt das hohe Bewußtsein einer erlauchten Berufung. Ich will, so rief er, der Milton der Deutschen werden! – Und er ist es geworden. Alles, was er gewollt hat, hat er gekonnt. Wie ein Priester hat er seines Amtes gewaltet. Und wenn er, seine Bardengesänge, die Bardiete, singend, den deutschen Göttern opferte, war das Gotteshaus gefüllt mit andächtigen Jünglingen und Jungfrauen, die in ihm den Stellvertreter des deutschen Gottes auf Erden, den deutschen Papst, sahen. Er goß den deutschen Wein in griechische Pokale: in seinen »Oden«, die die fremde Form vergessen lassen, so deutsch sind sie. Er ist spröder als Hölderlin und unserem Empfinden schwerer zugänglich – aber die Bekanntschaft mit ihm wiegt Dutzende heutiger Lyriker auf. Seine zuchtvolle Strenge könnte der heutigen Auflösung gut tun. Die jungen Dichter könnten von ihm lernen, vorausgesetzt, daß sie überhaupt etwas lernen wollen. Der Meister Klopstock fühlte sich zeitlebens als »der Lehrling der Griechen«. Sein episches Hauptwerk ist der »Messias«, ein Gedicht von Sünde und Erlösung in zwanzig hexametrischen Gesängen. Es schildert den Weg des Gottessohnes vom Himmel durch die Hölle zur Erde und wieder zum Himmel: am schönsten in seinen hymnischen und lyrischen Stellen. Hin und wieder verleitet ihn das priesterliche Ornat zu zeremoniellen Gesten und oratorischen Phrasen.

Zwei seelische Richtungen suchten um die Mitte des 18. Jahrhunderts einander den Rang streitig zu machen: eine schwärmerische und eine rebellische. Die schwärmerische ging von Klopstock und seinem Gefolge: dem Hainbund (Hölty, Voß, Matthisson, dem Schweizer Salis-Seewis, Claudius) aus;

die zweite blühte aus wilden Studentenkameradschaften empor, und ihr Meister hieß Johann Christian Günther. Sie selber aber nannten sich nach einem »Sturm und Drang« (1776) betitelten Drama eines der ihren, des Maximilian Klinger: Stürmer und Dränger. Klinger war ein Freund Goethes, und aus ihrem Kreise ist, betreut von Herders wachsamem Auge, der Stürmer und Dränger hervorgegangen, der sie alle überstürmen und zurückdrängen sollte: Goethe. Wie die Bruderbünde der heutigen jungen Dichter hatten sowohl die Hainbündler wie die Stürmer und Dränger die Brüderlichkeit, die Weltumarmung, die Menschlichkeit auf ihre Fahnen geschrieben, und Freundschaft galt ihnen als ein heiliges Wort. Die bedeutendsten Mitglieder des Hainbundes waren Johann Heinrich Voß aus Mecklenburg (1751 bis 1826) und Ludwig Hölty, der 1776 im jugendlichen Alter von achtundzwanzig Jahren starb, der Apollo und Adonis des Bundes: gepriesen als der Liebling der Götter. Voß, der später die Redaktion des Bundesorganes, des Göttinger Musenalmanachs, übernahm, darf eigenen dichterischen Wert höchstens als Idylliker (Luise, Der siebzigste Geburtstag) beanspruchen. Zu den harmlosen, aber hübschen Hexametern war er angeregt worden durch Übersetzungen der Homerschen Odyssee (1781) und Ilias, die an Wert und Wirkung den Herderschen Stimmen der Völker in Liedern nicht nachstehen und den Blick der Deutschen auf das griechische Heldenepos lenkten. Wenn Achilles und Hektor in Deutschland so volkstümliche Figuren geworden sind wie Siegfried und Hagen, wenn Zeus und Hera in der Götterwelt Wodan und Freya den Rang streitig machen, so ist's das

Verdienst von Voß, dem Ganymed, der lockige Schenke, im olympischen Saale dafür einen besonderen Humpen Nektar kredenzen möge!

Im Pantheon des Hainbundes standen die Hermen von Ossian, Klopstock und Herder, dagegen erscholl an die Adresse W i e l a n d s (1733–1813, aus Oberholzheim) in jeder Bundessitzung ein dreifach kräftiges Pereat. Dieser war in ihren Augen ein allzu ungezogener Liebling der Grazien. Seine charmanten Frivolitäten, sein graziöser, klingender Stil, spielend wie eine Wasserkunst im Schlosse irgendeines Rokokofürsten, fanden nicht Gnade vor ihren Augen. Sie ziehen ihn der Sittenlosigkeit, der Undeutschheit und traten seine Dichtungen mit Füßen oder verfertigten sich aus seinen reizenden Perioden Fidibusse, mit denen sie ihre Knasterpfeifen entzündeten, und Don Sylvio von Rosalva, der Jüngling Agathon und die zärtliche Musarion gingen wehklagend und seufzend in Flammen auf. Hatten die Hainbündler recht, dem armen Wieland so übel mitzuspielen? Doch wohl nicht. Im Grunde war er ihnen verwandter als sie ahnen oder fühlen konnten. Auch er war ein Schwärmer wie sie – aber er ging nicht wie sie durch eine, er ging durch tausend Schwärmereien hindurch und war vom Pietisten bis zum Wollüstling, vom Hetärenpriester bis zum Anbeter der mütterlichen Frau so ziemlich alles, was man sein kann. Was seine vielen Wandlungen verklärt: er war alles mit der gleichen Leidenschaft und Wahrhaftigkeit. Als Lyriker hatten die Hainbündler für Wielands Kunst der Erzählung kein Verständnis. Sein großer Roman »Agathon« (1766), die Entwicklung eines Menschen zu sich selbst, in einem stark stilisierten Altgriechenland sich begebend, wird immer ein Markstein in der Entwicklung der deutschen Prosadichtung sein, die auch durch den komischen Roman »Die Abderiten« (1780), eine Verspottung des Spießertums, Bereicherung empfing. Goethe weihte von allen Schriften Wielands dem Heldenepos »Oberon« (1780) den Lorbeer, und zwar im wörtlichsten Sinne: nach seinem Erscheinen sandte er ihm einen Lorbeerkranz. Der »Oberon« ist das erste Werk, das man neben Mahler Müllers »Genoveva« den Auftakt der Romantik noch mitten in der Klassik nennen könnte. Abendland und Morgenland gehe so phantastisch ineinander über wie die wirkliche und die Geisterwelt.

Unter den Hainbündlern waren einige, die zwar nominell ihm nahestanden, innerlich aber dem Sturm und Drang zugerechnet werden müssen. Unter ihnen ist vor allem Gottfried August Bürger (1747–1794, aus Ballenstedt) zu nennen, dessen titanischem Wollen (wie den meisten Stürmern und Drängern) nur ein sehr menschliches Gelingen beschieden war. Hin und her gerissen zwischen zwei Frauen schwebte er zwischen Himmel und Erde, bis ihn die Erde gnädig in ihren Schoß zurücknahm. Er war ihr einer ihrer liebsten, aber auch unglücklichsten Söhne. Seine Lieder an Molly sind von einer rasenden Leidenschaftlichkeit, der die Zügel durchgehen wie einem wildgewordenen Hengste. Vollkommen bewährte er sich in seinen Balladen. Auch die Legende von »Münchhausens wunderbaren Reisen« (1786) muß ihm herzlich gedankt werden, so wie wir dankbar bei dieser Gelegenheit des alten Musäus (1735–1787) gedenken müssen, der die Volksmärchen der Deutschen, darunter die Schnurren vom grobschlächtigen, schlesischen Waldgott Rübezahl damals grade sammelte und nacherzählte.

Waren die Hainbündler mehr besinnlich und lyrisch, so waren die Stürmer und Dränger mehr sinnlich und dramatisch, heute würde man sagen: mehr politisch, mehr aktivistisch gerichtet. Sie litten unter der sozialen und politischen Ungerechtigkeit des Zeitalters. Das Motto Schillers, das er über »Die Räuber« setzte: In tyrannos! kann man über die ganze Richtung setzen. Die Stürmer und Dränger waren die deutschen Vorläufer und Brüder der französischen Revolutionäre von 1789. Wie Wilhelm II. dem Erwachen der deutschen Dichtung aus dem patriotischen Winterschlaf nach dem siegreichen Krieg von 1870/71 zur Selbstbesinnung, zur Erhebung, zur Vergeistigung von seinem Standpunkt mit dem größten Recht mißtrauisch gegenüberstand – denn einer Revolution des Geistes pflegt eine solche der Tat auf dem Fuß zu folgen: so standen die damaligen Souveräne dem Ansturm der Stürmer ablehnend und erbittert gegenüber, denn es ging ums Gottesgnadentum, es ging um Autokratie oder Demokratie schon damals. Es handelte sich darum, ob die deutschen Fürsten ihre Untertanen als Schlachtenfutter nach Amerika verkaufen könnten wie ein Stück Vieh, um aus dem Erlös ihre fetten Huren und lasterhaften Gelage zu bestreiten, oder ob der Mensch ein Mensch wie sie, ob es nicht unvergängliche »Menschenrechte« gäbe, die niemand wagen dürfe anzutasten, der nicht ein Hundsfott oder Lump sein wolle. In den »Räubern« und in

»Kabale und Liebe« zog Schiller gegen die Tyrannen vom Leder. Und es ist nicht zu verwundern, wenn Karl Eugen von Württemberg sich dieser Richtung gegenüber ähnlich äußerte wie später Wilhelm II.: »Die ganze Richtung paßt mir nicht!« Schiller wurde 1782 vierzehn Tage in »Schutzhaft« genommen; als der Fürst ihm wenig später überhaupt untersagte, weiterhin »Komödie« zu schreiben, machte Schiller dieser Komödie ein Ende und floh aus Württemberg ins Ausland. Sein Gesinnungsgenosse, der Schwabe Christian Schubart (1739 bis 1791), mußte die Auflehnung gegen die Tyrannei mit einer zehnjährigen Gefangenschaft auf dem Hohenasperg büßen. Er schleuderte den Fürsten die Verse der »Fürstengruft« wie Pfeile entgegen.

Jakob Reinhold Lenz (aus Seßwegen, 1751–1792) schrieb sein Drama »Die Soldaten«, in dem er die Immoralität des Soldatenlebens attackierte. Sein Leben wie sein Dichten zerrann ihm wie Wasser zwischen den Händen. Die Erscheinung Goethes blendete ihn, so daß er die Welt der Erscheinungen nicht mehr zu sehen vermochte und einer utopischen Welt verfiel, die halbe Wahrheit und ganze Dichtung nicht mehr auseinanderzuhalten verstand. Wäre er nur der Lenz geblieben, der er war! Vielleicht, daß er zu einem fruchtbaren Sommer gereift wäre! Aber er wollte ein Goethe werden.

Maximilian Klinger (aus Frankfurt, 1752–1831), dessen eines Drama der Bewegung den Namen gab, war eine bedächtigere Natur, obgleich seine Dramen selbst aus allen Fugen zu gehen scheinen. Im reiferen Alter resigniert er. In seinen »Betrachtungen« sind aus den Ungetümen und

Unholden, die die Fürsten im Sturm und Drang waren, schwache Menschen geworden wie wir alle. In der Tendenz steht der Satiriker Georg Christoph Lichtenberg (aus Darmstadt, 1742–1799) den Stürmern nahe, besonders in seinen geistvollen politischen Bemerkungen.

Als der eigentliche Prosaiker der Richtung muß Wilhelm Heinse (1749–1803) betrachtet werden. Sein Renaissanceroman »Ardinghello und die glückseligen Inseln« predigt die Idee der Kraft, der Schönheit, der leiblichen und seelischen Nacktheit, der Scham- und Hüllenlosigkeit. Geschrieben in einem bezaubernden Stil, dessen Wohlklang nur noch von Geßner in seinen Idyllen und später von Jean Paul erreicht wird, bezaubert er auch durch die amoralische Anmut seiner Gestalten und durch die tropisch bunte Ausmalung des Schauplatzes. Der Starke hat Recht. Aber er siegt nicht durch seine Stärke, durch rohe Gewalt allein: sie muß sich mit Natürlichkeit, mit Geist, der Mut muß sich mit Anmut paaren. Heinses Genie war eine brünstige Flamme. Aber wer feuersicher ist (und nur der sollte sich ins Feuer wagen), der wird gestählt und gefestigt durch sie hindurchgehen.

Johann Gottfried Herder (1744–1803, ein geborener Ostpreuße) ist einer der Lehrmeister der Deutschen. Wären die Lehr- und Schulmeister der Deutschen alle geartet wie er: was ließe sich aus ihnen machen! Aber der Teufel stopft ihnen Wachs in die Ohren und verklebt ihre Augen mit Pech; also daß sie taub und blind dem ersten besten Eselstreiber folgen, der sie in den Abgrund führt. Über der festen Grundlage einer allgemeinen, philosophischen und philologischen Bildung wölbte sich bei Herder in den Gewittern seiner Zeit der Regenbogen eines großen Geistes und eines hellen Herzens. Auf einer Reise nach Paris lernte er Diderot, einen der geistigen Urheber der Französischen Revolution, kennen. In Straßburg geschah jene denkwürdige Begegnung mit Goethe: der schwärmerische Jüngling empfing aus dem Munde des gereiften und gelehrten Mannes den mächtigsten Ansporn, die liebevollste Leitung. Herder war ein Denker des Gefühls. Manchmal schlägt der Blitz der apriorischen Logik in seinen Gedankenwald, ihn und uns belehrend, daß die Bäume nicht in den Himmel wachsen. Aber um den verkohlten Stamm schlingen sich liebend und lieblich die reinsten Gefühle, die weißesten Winden. Sein »Briefwechsel über Ossian und die Lieder alter Völker« (1773) bedeutet weniger durch die aufgestellten Thesen (Unterschied zwischen Kunst- und Volksdichtung), als durch die flammende Liebe, die hier und anderswo in seinen Schriften die Wissenschaft durchlodert. Sein Aufruf, die alten Volkslieder zu sammeln, war eines der wichtigsten Manifeste des deutschen achtzehnten Jahrhunderts. Er ist der Schöpfer dieses Wortes: Volkslied. 1778–79 durfte er in seinen Volksliedern (»Stimmen der Völker in Liedern«) dem deutschen Volk ein prachtvolles Dokument der Volkslieder aller Zeiten und Zonen vorlegen: die fremdländischen Lieder in Übertragungen von ihm selbst. Schon vorher war er in den Fragmenten über die neuere deutsche Literatur gegen Affekt- und Effekthascherei gegen die französische und griechische Mode aufgetreten und hatte das Rousseausche »Zurück zur Natur!« für die deutsche Dichtung formuliert: »Zurück zur Natürlichkeit! Zu den Quellen deutscher Sprache und deutschen Volkstums! Die Kunstdichtung kann nur auf dem Acker der Volksdichtung gedeihen. Zerstört die gläsernen Treibhäuser, und laßt das freie Wetter über die Blüten eures Geistes brausen! Welche Blüte darin umkommt, die ist nicht wert, daß sie geblüht hat.« – 1777 kam Herder auf Goethes Veranlassung als Generalsuperintendent nach Weimar. Hier schrieb er, von Goethes Gedankenarbeit kameradschaftlich unterstützt, die »Ideen zur Philosophie der Geschichte der Menschheit«, den ersten groß angelegten Versuch, die Geschichtswissenschaft aus einer Statistik von blutrünstigen Raub- und Eroberungskriegen und den Daten der erlauchten Herrscher zu einer Geisteswissenschaft, zu einer Wissenschaft vom Werden und Wesen der Menschheit zu erweitern. Eine Kapitelüberschrift wie diese: Die Erde als Stern – wieviel besagt und beleuchtet sie schon im Gegensatz etwa zu: König Otto der Faule (1430–1450), der üblichen Überschrift der in Deutschland so beliebten monarchistischen Geschichtsschreibung. – Die letzten Lebensjahre Herders verbitterte seine Entfremdung von Goethe und Schiller: in Schiller befehdete er den Schüler Kants, in Goethe sah er sich selber strahlend überwunden. Als er die Augen schloß, setzten sie ihm auf seinen Grabstein seinen Wahlspruch, den ewigen Wahlspruch aller Jünglinge (Herder war auch als Greis ein Jüngling geblieben): Licht! Liebe! Leben!

F r i e d r i c h   S c h i l l e r (1759–1805) ist der Dichter der Jugend. Denn er ist ein revolutionärer Dichter. Und die Jugend wird gegenüber einem konservativen oder stagnierenden Alter immer revolutionär gesinnt sein. In den »Räubern« wird jemand aus Verzweiflung über die Schlechtigkeit der Welt zum schlechten Kerl: um den Teufel mit Beelzebub auszutreiben. Wäre dieses Drama heute geschrieben, man würde es ein bolschewistisches Drama nennen. (Schiller war Ehrenbürger der Französischen Revolution, der er als Idee begeistert huldigte, und von der er sich später, als die Realität weit hinter der Idee zurückblieb, – wie es in Revolutionen immer zu sein pflegt – angewidert wegwandte.) Diese Räuber wollen die ganze Welt zugrunde richten, um auf den Trümmern eine neue, bessere Welt zu erbauen. Karl Moor schreitet in mancherlei Verwandlungen durch Schillers Werke. Er ist Fiesco, der Verschwörer, der sich den Mantel des Monarchen um die Schulter schlägt. Er ist Ferdinand, der gegen die konventionelle Despotie und die Despotie der Konvention rebelliert. In Carlos und Marquis Posa hat sich der geistige Revolutionär dupliziert. Verteidigen die »Räuber« noch die Eventualität eines gewalttätigen Umsturzes, so erscheint »Don Carlos« dagegen auch in der Sprache durch seine Jamben gemildert, als Drama einer geistigen Revolution. Von innen heraus sollen Staat und Menschheit, Staatsbürger und Menschen erneuert werden. »Sire, geben Sie Gedankenfreiheit« – aus dem freien Gedanken wird die freie Tat sprießen. Wie Spinoza auf Goethe, so hat das Studium der Kantschen Philosophie auf Schiller den nachhaltigsten Eindruck gemacht. Kants ethische Maximen, besonders der kategorische Imperativ, werden in seinen späteren Gedichten und Dramen immer wieder illustriert und paraphrasiert, die oft nur um der ethischen

Forderung willen geschrieben scheinen. Zwölf Jahre nach dem Don Carlos, im Jahre 1799, vollendete Schiller den Wallenstein: die Schicksalstragödie des Herrscherwillens. Der Schatten des aufsteigenden Bonaparte fiel über das Werk. Auch Wallenstein ist ein Rebell, aber faute de mieux. Er kann einen Größeren, einen Mächtigeren nicht vertragen: denn er fühlt in sich das Prinzip der Macht rechtmäßig verkörpert. Er fällt durch den Verrat seines Freundes Piccolomini. In den drei Teilen vom »Wallenstein« ist Schillers Werk gegipfelt. Den vielen männlichen Rebellen in Schillers Dramen tritt eine Revolutionärin zur Seite: Maria Stuart, der weibliche Typ des Revolutionärs, deren Aktion sich zur Passion wandelt, die die revolutionäre Tat durch ein revolutionäres Herz ersetzt. Nach Maria Stuart (1800) wendet sich Schiller noch einem weiblichen Helden zu: der Jungfrau von Orleans, der Verkörperung religiöser Vaterlandsliebe. Im »Tell«, seinem letzten Drama, gestaltet Schiller die Idee der »Freiheit« und nimmt noch einmal die Partei der »Unterdrückten aller Länder«. Es berührt sich in mehr als einem Punkt mit seinem Erstlingsdrama, den »Räubern«. Keine philologische oder moralische Spitzfindigkeit wird übrigens darüber wegtäuschen können, daß dieses Drama in der Tat des Tell den politischen Meuchelmord verteidigt, ja verherrlicht, und keines dürfte sich besser für eine Festvorstellung, vor Terroristen gegeben, eignen. Der individuelle Terror findet hier seine glänzendste Gloriole. – Tell scheint mir eine aus der Tiefe von Schillers Unterbewußtsein getretene Figur seiner Jugendzeit, die gegen Geßler (Herzog Karl Eugen), dem symbolhaft verdichteten Bild des deutschen Duodeztyrannen, den tödlichen Pfeil richtet, um sich endgültig von ihm zu befreien ... Als Lyriker steht Schiller hinter dem von ihm verkannten Hölderlin, hinter Goethe, Günther, Eichendorff zurück. Seine Gedankenlyrik gibt mehr Gedanken als Lyrik. Als Balladendichter darf er hohen Rang beanspruchen. Seine Größe liegt in seinen Dramen. Man hüte sich, ihn weder zu über- noch zu unterschätzen. Unschuldig schuldig ist er an jener Kriegervereinspathetik, die sich, besonders seit 1870, in die geschwellte Brust warf und Schillersche Formen und Schillersches Pathos mit leeren chauvinistischen Rodomontaden füllte. Gegenüber solcher »Idee«lichkeit kann die Goethesche »Sach«-lichkeit nur heilsam wirken, wie sie auf Schiller selbst heilsam gewirkt hat.

Um diese Zeit lebten fern allen literarischen Bestrebungen, aber mit der Tradition der deutschen Dichtung aufs tiefste verwachsen, zwei der liebenswürdigsten deutschen Dichter, die man, wie die siamesischen Zwillinge, immer nur zusammen nennen kann: Matthias Claudius (1740–1815), der »Wandsbecker Bote«, und Johann Peter Hebel (1760 bis 1826), der »Rheinische Hausfreund«. In der Gesamtausgabe der Schriften des »Wandsbecker Boten« befindet sich am Eingang eine Zeichnung von Freund Hein, dem Tod. Obgleich die Zeichnung ein Skelett darstellt, ist der Tod gar nicht schrecklich anzusehen, streng, aber freundlich steht er da. Mit Freund Hein verkehrte Claudius auf vertrautem Fuße. Er war ihm der Freund Hein trotz aller Schmerzen, aller Dunkelheiten, die er bringt. Sein »Abendlied« gehört zu den deutschesten deutschen Gedichten. Sein »Rheinweinlied«: das trunkenste Trinklied. Schon in der Schule haben wir uns mit Claudius befreundet wie mit einem guten alten Onkel, als er uns die lustige Geschichte erzählte vom Riesen Goliath und dem Zwerg David und von Urian, welcher die weite Reise machte. J o h a n n P e t e r H e b e l , Volksfreund und Volksdichter wie er, ist sein jüngerer Bruder. Ich kenne keinen Schriftsteller in Deutschland, der zu erzählen weiß wie der ehemalige Theologieprofessor Johann Peter Hebel. Gewiß er predigt Moral. Aber in welcher Sprache! Das ist ein Deutsch, wie es einfacher und tiefer, zweckloser und klangvoller nicht erdacht und geschrieben werden kann. Und die Moral, die er einer schönen Geschichte anhängt, wie nebensächlich ist sie und nur als Schlußpunkt von Bedeutung! Die Hauptsache ist ihm der Mensch oder das Ding »an sich«, das er betrachtet, formt und schmerzlich sinnend oder lächelnd in seinen Vortrag stellt. Wir sind alle wie Kinder vor ihm, und wenn wir in der Dämmerung in den Himmel sehen und die Sterne hervorkommen: die Venus oder die Juno, die funkelnden Himmelsfrauen, und wir ihn fragen: »Vater, was ist mit den Sternen und mit dem Himmel?« – dann wird er uns über die Haare streicheln und leise sprechen: »Der Himmel ist ein großes Buch über die göttliche Allmacht und Güte, und stehen viel bewährte Mittel darin gegen den Aberglauben und gegen die Sünde, und die Sterne sind die goldenen Buchstaben in dem Buch. Aber es ist arabisch, man kann es nicht verstehen, wenn man keinen Dolmetscher hat ...« Ein solcher Dolmetscher ist uns der rheinische Hausfreund, der alte Johann Peter Hebel.

Wenn G o e t h e (geboren 1749 in Frankfurt) heute lebte, würden ihn die kritischen Anwälte der jüngsten deutschen Dichtung wegen seiner Vielseitigkeit der »Gesinnungslosigkeit« zeihen. Er schrieb nebeneinander am Werther, am Faust, an einem groben Fastnachtsspiel. Er trug die größten Gegensätze in sich, aber es war ihm gegeben, sie alle bis zur Reife auszutragen. Er erkannte die Notwendigkeit und Größe des deutschen Volksliedes so gut wie die erlauchte Erhabenheit einer pindarischen Ode oder die nüchterne Trunkenheit eines Horaz. Er bewegte sich in der Gedankenwelt eines Plato, die alle Dinge auf eine Uridee zurückführt, so sicher wie in den Wäldern Spinozas, welcher lehrte, vor jedem Baum, vor jeder Blume, vor jedem Käfer anbetend ins Knie zu sinken, denn »Gott ist in ihnen und über ihnen und durch sie wie in mir und über mir und durch mich«. Zucht und Gebundenheit der Antike, das über-alle-Grenzen-Schweifen der deutschen Volksseele, Dionysos und Faust, Eros und Eulenspiegel durchdrangen sich in ihm zu höherer Einheit. An seiner Wiege haben die neun Musen wie die sieben Schwaben Pate gestanden. Er brauchte nur »Tischlein, deck dich!« rufen wie in dem deutschen Märchen, so war der Tisch des Lebens für ihn gedeckt. Er war der glücklichste Mensch, der je gelebt hat: er war an jedem Tage, in jeder Minute und Sekunde seines Lebens mit sich selbst und seinem Ziele einig. Es gab kein Schwanken in ihm. Immer schritt er festen und schlanken Schrittes, Ephebe und Mann, geradeaus, den Blick auf das Herz der Welt gerichtet. Seine Fähigkeit, Leid und Schmerz von sich abzustoßen, da sie seine klaren Teiche nur trüben konnten, in denen so rein sich Mond und

Sonne spiegelten, ging bis zur Brutalität gegen sich und seine Mitmenschen. Er mußte sich ganz behaupten. Er handelte in Notwehr. Im Alter nahm er eine künstlich konzipierte Steifheit zu Hilfe, um jene Menschen von sich fernzuhalten, die ihn seiner selbst beraubten. Es war jene hochmütige Geheimratsgeste, von der so manche Besucher seines Hauses in ihren Briefen und Tagebüchern entsetzt und enttäuscht erzählen. Er saß wie Archimedes im Garten auf einer Bank und zeichnete mit einem Stock im Sande seine Kreise, die niemand stören durfte als der Wind oder der Regen. Denn diese waren Naturkräfte wie er.

In seinem Leben spielen die Frauen die entscheidende Rolle. Seine Männerfreundschaften: mit Herder, mit Merck, mit Knebel, Tischbein usw. waren trotz betonter Herzlichkeit oder Interessiertheit doch nur Episoden. Von allen Männern, die seinen Weg kreuzten, ist für uns Nachlebende der getreue Eckermann der gewichtigste, der, jahrelang sein Sekretär und Famulus, in seinen »Gesprächen mit Goethe« uns die lebendigste und persönlichste Darstellung seines Wesens und Wirkens hinterlassen hat. Goethes Genie fand seine Befruchtung und Erlösung aber immer erst durch die Genien der Frauen, die er liebte. Sie sind die unbewußten Mithelferinnen an seinem Werk, das deutsche Volk hat alle Ursache, sich vor ihnen in Dankbarkeit und Ehrfurcht zu verneigen und sogenannten Literarhistorikern, die sich nicht schämen, Schmutz auf sie zu werfen, gebieterisch die Tür zu weisen. Kätchen Schönkopf, seine Leipziger Studentenliebe, zwitschernd wie ein Kanarienvogel, aber launisch wie ein Papagei, Friederike Brion, die elegische Sesenheimer Pfarrerstochter; die blonde Charlotte Buff, Braut seines Freundes Kestner, der wir den zärtlichen Briefroman »Werther« verdanken; die wie aus einer griechischen Gemme geschnittene Frau von Stein, die glücklichste und unglücklichste Liebe seines Lebens, die treue und gute Christiane Vulpius, der er so wacker seinerseits die Treue hielt, allen Intrigen des Weimarer Hoflebens zum Trotz, die er, der Minister, als Geliebte in sein Haus zu nehmen wagte, die er endlich, längst nachdem sie ihm einen Sohn geboren, dankbar zu seiner rechtmäßigen Gattin machte und die ihm unendlich mehr bedeutet hat als eine oberflächliche Literarhistorik wahr haben will. Sein einsames Herz bedurfte ihrer Herzlichkeit. Sein Sinn ihrer Sinnlichkeit. Und dann die vielen Namenlosen, die er liebte, die Frauen in Thüringen, in der Schweiz, in Italien. Und endlich die Suleika des »Westöstlichen Diwans«, die den alternden Dichter zur letzten wilden Trilogie der Leidenschaft entflammte. Welch ein Reigen von Frauen! Wir wollen keine geringer achten, auch jene namenlosen nicht, ihnen allen sei der Kranz des Lorbeers auf die schönen Stirnen gedrückt.

Im deutschen Sängerkrieg auf der Wartburg hat Goethe sich den ersten Preis ersungen: im Drama durch »Faust« und »Iphigenie«, in der Prosa durch »Wilhelm Meister« und die »Wahlverwandtschaften«, in der Lyrik durch »Ganymed«, »Wanderers Nachtlied«, »An den Mond«, die »Trilogie der Leidenschaft« und vieles andere. Er beherrschte die konträrsten Stile. Sang wie ein Kind zu Kindern:

Ich komme bald, ihr goldnen Kinder!

Und, aus dämonischer Tiefe, die Worte steigen wie Nickelmänner und Elfen aus einem tieftiefen Brunnen, so tief wie der Brunnen auf der Burg von Nürnberg, dessen Ende wir nicht sehen:

Sieh, die Sonne sinkt!
Eh sie sinkt, eh mich Greisen
ergreift im Moore Nebelduft;
entzahnte Kiefer schnattern
und das schlotternde Gebein –
Trunkener vom letzten Strahl,
reiß mich, ein Feuermeer
mir im schäumenden Aug',
mich Geblendeten, Taumelnden,
in der Hölle nächtliches Tor.

Das ist in der Postchaise am 10. Oktober 1774 von ihm gedichtet, und ich wette, wenn ich es einem Dichter der jüngsten Generation vorlese, einem meiner nächsten Brüder, und er kennt das Gedicht nicht zufällig (er wird es nicht kennen: denn sie kennen weder Goethe, noch Geßner, noch Matthias Claudius, noch Gryphius, noch Günther, noch Walter von der Vogelweide mehr), kurz, ich meine: er wird erschüttert das Gedicht für einen Gipfel der expressionistischen Lyrik erklären (während ihm die Verse: »Ich komme bald, ihr goldnen Kinder« nur ein mitleidiges Lächeln entlocken), und er wird auf Werfel als Verfasser raten. Der Expressionismus, das heißt: die Ekstase als These, der Schrei des Herzens als oberstes Prinzip, und in der Form: das Schleudern erratischer Blöcke, das ist nicht erst von heute. Das haben Goethe, Hölderlin, Klopstock schon gekonnt. (Und gar die Griechen und Chinesen: Pindar, Li-taipe –!) Auch eine beliebte Spielart des heutigen Dichters, der politische Dichter, findet sich schon vorgebildet 1770 in einem Gedicht des Schweizer Lyrikers Salis-Seewis »An die Unterdrückten aller Länder«, das Hasenclever geschrieben haben könnte (ganz zu schweigen von der politischen Dichtung der 48er Jahre, von der noch die Rede sein wird):

Ihr Märtyrer für Menschenwürde,
Vertraut der Wahrheit und der Zeit.
Vergänglich ist des Druckes Bürde,
Doch ewig die Gerechtigkeit!

Diese kleine Abschweifung schien mir notwendig. Vor allem auch für den Teil des heutigen Lesepublikums, der der jüngsten Dichtung mit Achselzucken, Lächeln und Überhebung gegenübersteht, unter Berufung auf den klassischen Maßstab. Dieser Maßstab ist falsch. Die heutige Dichtung der Expressionisten ist nicht unverständlicher oder absonderlicher als irgendein hymnisches oder ekstatisches Gedicht von Goethe, mit dessen Grundformen sie sich berührt. Dutzend ihrer Einzelerscheinungen sind läppisch oder unerfreulich. Dies darf nicht hindern anzuerkennen, daß ihr Kern so echt ist wie der jeder echten Dichtung. Daß sie als Reaktion auf den Mechanismus und Rationalismus der Zeit vor dem Kriege historisch notwendig war und ist. Und daß sie die Unterstützung durch das Volk braucht und verdient. Wir stehen heute kulturell in einem Wellental. Nur dann wird auch die deutsche Dichtung, die zweifellos seit der tristen Zeit von 70 wieder im Aufschreiten ist, zu einem neuen Gipfel kommen, der jenseits von Im- und Expressionismus, jenseits aller Ismen liegen wird, wenn sie getragen wird von Förderung und Zuruf der Mitlebenden, vom Vertrauen und Verständnis des Volkes. Denn wo eins das andere nicht mehr begreift, da geraten sie beide auf Irrwege. Lest Bücher, Deutsche, lest die Bücher eurer Dichter, und ihr werdet glücklicher und manchmal glücklich werden. Und vergeßt nicht die Bücher jener Dichter zu lesen, die in eurer Zeit, die eure Zeit leben: der Jungen, die sich nach eurer Gemeinsamkeit sehnen, der Alten, denen euer herzliches Mitgefühl die alternde Brust wärmt.

Wir kommen von Goethes Lyrik; wir wollen wieder zu ihr zurück. Immer wieder wollen wir zu ihr. Denn jeder Gang zu ihr ist wie ein Heimweg ins Vaterhaus. Mit dem vielleicht herrlichsten Goetheschen Gedicht, dem Lied des Türmers, sind wir mitten im »Faust«, der rundesten Ballung, der beseeltesten Verdichtung des deutschen Wesens. Durch dieses Drama schreitet der Dichter selbst in tausend Gestalten: er ist der junge Doktor Faust, der im sinnierenden Gespräch Sonntags vor dem Straßburger Tor spaziert, und doch die Augen so weit offen hat, die hübschen Sonntagsmädchen zu betrachten. Es ist Goethe, der mit seinen Kommilitonen Frosch und Brander im Leipziger Ratskeller soff, bis er unter den Tisch fiel. Es ist Goethe, der Friederike-Gretchen verführt, der der Walpurgisnächte viele in Thüringen und im Harz erlebte, der als Minister am Hof des Kaiser-Herzogs wirkte, und der endlich als Philemon einen Greisenabend beschließen darf in der seligen Gewißheit, daß er die Ernte bis zum letzten Halm in die Scheuer gebracht. Die Idee des Faust ist die Idee des Menschen schlechthin. Aus dumpfem Dunkel steigt er empor ins Licht. Mögen Wolken es oft verschatten, mag der Wanderer auf dem steilen Wege straucheln: nur nicht müde werden, nicht nachlassen, aufwärts, vorwärts, aufwärts. Der Weg – das ist das Ziel. Der Wille – das ist der Zweck.

Wer immer strebend sich bemüht,
den können wir erlösen,

singen die Engel in der höheren Sphäre, Fausts Unsterbliches tragend. Wer je auf einer Puppenbühne, wie sie in den bayrischen Messen noch umherziehen, das alte Puppenspiel vom Doktor Faust in fast ursprünglicher Form gesehen hat, wird wissen, wieviel Goethe ihm stofflich und kompositorisch verdankte. Er hat den Kasperl, im Puppenspiel Diener des Faust, aus seinem Spiel eliminiert und seine Rolle Mephistopheles übertragen. Trotz Goethe besteht dieses Puppenspiel künstlerisch noch heute jede Kritik. Eulenspiegel (Kasperl) und Faust: den komischen und tragischen Charakter des deutschen Wesens nebeneinander zu stellen: ist ein Beweis für die naive Genialität des Puppenspieldichters, der seinerseits auf dem 1587 erschienenen Volksbuch von Doktor Faust und den Fastnachtsspielen des Mittelalters fußt. – In »Götz von Berlichingen« (1773 erschienen) schrieb Goethe nach shakespeareschem Muster das erste Szenendrama und löste den strengen Aktbau eines Lessing in viele lebendige Einzelszenen, deren Lichter in der Schlußszene zu einer großen Flamme zusammenlohen. Der »Egmont« (1788 erschienen) zeigt Verwandtschaft mit dem Götz in Szenenführung und Charakterisierung. Durch seine sittliche Kraft erhebt sich der Unterlegene (Egmont) über den tyrannischen Sieger (Alba). Die Liebe Egmonts zu einem kleinen Bürgermädchen anticipiert die Liebe Goethes zu Christiane. In dem opernhaften letzten Bilde erscheint ihm auf dem Wege zum Schaffot die Geliebte, die Insignien der beiden hehrsten Ideale: Liebe und Freiheit, in ihren Händen haltend. – Neben dem Faust gebührt der »Iphigenie« unter den Goetheschen Dramen der Kranz. Das Gretchen im Faust ist ein einfaches Kind voll unbewußter Reinheit und Jungfräulichkeit, in Iphigenie wird die Reinheit sich bewußt und lauterster Wille und durchdachteste und durchfühlteste Wahrheit. Lieber Arges leiden als Böses auch nur denken, auch das Beste nicht durch Lüge erreichen wollen: ist das thematische Motiv. Sprachlich ist das Werk von der ersten bis zur letzten Zeile vollkommen. Die schönsten Jamben der deutschen Sprache erklingen, und sollten deutsche Dichter je einmal wieder Jamben schreiben wollen: sie mögen zuerst die Iphigenie lesen, und sie werden es schamvoll bleiben lassen. Das Drama »Tasso« ist der »Iphigenie« benachbart: stilistisch und geistig. Die Handlung soll an einem mittelalterlichen Hof vor sich gehen: aber sie geschieht recht eigentlich im Herzen des Dichters. Die Prinzessinnen sind nur Figuren seiner eigenen Phantasie, und auch sein Feind Antonio kriecht aus einer dunklen Ecke seines Gefühlslebens. »Iphigenie« und »Tasso« wurden von der Nation ziemlich kühl aufgenommen: die Revolution in Frankreich hielt die Welt in fieberhafter Spannung. Wir haben schon längst wieder eine neue Revolution, die jener an Gewalt nicht nachsteht: der Befreiung des Bürgers, die 1789 erfolgte, soll die Befreiung des Arbeiters folgen. Aber alle Revolutionen überdauern wird das heilige

Lächeln der Iphigenie und der Schrei des Dichters im Tasso:

> Denn wenn der Mensch in seiner Qual verstummt,
> Gab mir ein Gott zu sagen, was ich leide.

Denn hier geht es nicht um die Befreiung einer Klasse oder Rasse, sondern um die Befreiung des Menschen. Goethe selber war kein politischer Mensch in des Wortes strengster Bedeutung. In »Wilhelm Meisters Lehr- und Wanderjahren«, dem groß angelegten Sittengemälde seiner Zeit, wird das Verhältnis des Menschen zum Staat oder Staatsbegriff nicht einmal gestreift. Das Theater steht im Mittelpunkt des Interesses. Der Held entwickelt sich vom Theater zum Leben hin, vom Schein zum Sein. Zarte und zärtliche Frauen, wie Philine und Mignon, begleiten und befördern seinen Weg. Wie die Lehrjahre in ihrer berstenden Fülle das prosaische Seitenstück zum Faust bilden, so die »Wahlverwandtschaften« in ihrer Gedrungenheit und klaren Kürze das Seitenstück zur Iphigenie.

Goethe starb nach der Vollendung seines Faust im 83. Jahre am 22. März 1832.

Mit Heinse und Geßner bildet Jean Paul (aus Wunsiedel, 1763–1825) das Triumvirat der romantischen Prosadichter, von dem die heute lebenden Deutschen so gut wie keine Ahnung mehr haben: sonst wären sie bescheidener in ihrer Selbstkritik und im Glauben, wie herrlich weit sie's gebracht. Jean Paul ist der größte unter den dreien, und einer der größten deutschen Dichter überhaupt. Freilich, es ist nicht leicht, zu ihm zu gelangen. Er hat sein

Schloß mit Dornenhecken, Fallgruben und Selbstschüssen umgeben. Sein Park ist von üppiger Wildnis. Gepflegte, glatte Wege gibt es da nicht. Rehe grasen vor seinen Fenstern. Und die Schwalben fliegen ihm ins Arbeitszimmer, und auf seiner Schulter sitzt, wenn er schreibt, eine Dohle. An den Wänden hängen Spinnweben. Nachts, wenn er im Garten wandelt, ist der Mond sein Gefährte. Seine Gefährtinnen sind Elfen, die ihn umspielen und deren schönste ihn menschlich liebt wie ein Mensch einen Menschen. Sie heißt Liane. Und da der Mond nun zum Zenith steigt und die Bäume von seinem Glanze tropfen, winkt sie leise den Genossinnen, und sie entschwinden, vergehen strahlend im Mondstrahl. Sie zieht den Dichter ins Moos hinab, wo die Leuchtkäfer zwischen ihren Küssen brennen. Und der Mond sinkt herab, und die Sonne steigt herauf. Wie eine rote Rose erblüht sie zwischen den Narzissen der Morgendämmerung.

Jean Paul war im Anfang des neunzehnten Jahrhunderts der berühmteste, geliebteste und beliebteste deutsche Dichter. Zu seinen Füßen saßen die schönsten Frauen, und sie seufzten und zerdrückten heimliche Tränen in den Wimpern, wenn er ihnen aus seinem »Titan« und aus dem »Siebenkäs« vorlas mit tönender Stimme oder zu ihnen über das Immergrün unserer Gefühle sprach. Aber nicht nur die Damen lauschten ihm. Er hatte bei aller Empfindlichkeit das sichere Bewußtsein der Grenzen unserer Empfindungen, und der ewige Zwiespalt zwischen Wahrheit und Wirklichkeit, er war auch ihm offenbar. Er überbrückte ihn mit seinem Lächeln und seinem Gelächter. Seine komischen Erzählungen geben Kunde davon. Jean Paul war ein glücklicher Mensch. Das Leben und die Liebe und der Ruhm, er genoß sie in vollen Zügen. Seinem lyrischen Bruder im Geiste: Friedrich Hölderlin (aus Lauffen am Neckar 1770–1843), genannt der Unglückliche, blieb alles dies versagt. Mit vollen Segeln wollte er über die Wogen der Welt segeln.

Wünscht ich der Helden einer zu sein,
Und dürfte es frei bekennen,
So wär ich ein Seeheld.

Aber zerfetzt trieb sein Segel zurück. Er war zu schwach gewesen. Und höhnisch sauste um seine Stirne der Sturm. Wer kannte ihn? Wer wußte, wer er war? Schiller protegierte ihn so lange, als er schillerisch dichtete. Als er begann, seinen eigenen Gesang zu singen, wandte er sich von ihm. Im »Hyperion« blättert Hölderlin sein inneres Leben vor uns auf. Er litt unendlich: unter seiner Liebe zu Diotima, unter seinem Haß gegen die Gegenwart. Ganz schwang er sich aus ihr und lebte nur als Vergangener oder Zukünftiger. Sein Volk begriff ihn nicht. Bittere Worte fand er für die Deutschen, die bittersten, die ihnen wohl je von einem Deutschen aus liebender Seele gesagt worden sind (im vorletzten Briefe des Hyperion an Bellarmin). Als Hölderlin 1803 aus Bordeaux zurückkehrte, wo er eine Hauslehrerstelle verwaltet hatte, erschien er den Freunden verwirrt und auseinandergefallen. Er gab über das Erlebnis, das ihn wie mit einem Eisenhammer auf die Stirn geschlagen hatte, keine Auskunft. Diotima starb zehn Tage nach seiner Rückkehr. Er mag im medizinischen Sinne wahnsinnig geworden sein.

Er hat aber immer eine tiefe Klarheit des Gefühls bewahrt und behalten. Es war ihm einfach der Nabelstrang zerrissen, der ihn mit der Realität verband. Er schwebte in den Wolken und wußte von dieser Erde nur noch gerade soviel, wie ein verklärter Geist, der von ihr erlöst und nun auf eigenem Gestirn wandelt. Die Gedichte aus seiner sogenannten Wahnsinnszeit gehören zum Dunkelsten, aber zum Tiefsten, was aus der deutschen Lyrik entsprossen ist: schwarze Rosen, Blumen der Passion.

Als die Klassiker ihre Tempelbauten errichteten, da kroch nach und nach viel Winde und Efeu die dorischen Säulen empor: viel Epigonentum, das den steilen Weg zum Himmel, den sie gestemmt, benutzen wollte. Es gab aber auch Zimmerer und Maurer, die bauten trotzig ihre profanen Häuser neben die Hallen der Hehren; können wir's nicht im großen, so wollen wir's ihnen im kleinen gleich tun und wenigstens im kleinen eigen sein. Oder sie bauten, wie die Klassiker nach oben in den Himmel, nach unten in die Erde hinein: sie rissen die Erde auf und legten Stollen und Gänge an: das Geheimnis des Dunkels und des Halbdunkels wurde entdeckt. Jene waren Sonnen-, diese Goldsucher. Bei diesen Bergwerksarbeiten gelangten sie dann nebenher zu allen möglichen Erkenntnissen, die sie nicht gesucht hatten, die ihnen in den Schoß fielen. Sie lernten das Leben der unterirdischen Tiere, der Engerlinge und Maulwürfe, beobachten und kamen an den Ursprung mancher Wurzel. Dann und wann trafen sie mit ihrem Spaten auf ein historisches oder prähistorisches Skelett. Sie brachten es ans Licht und suchten es zu bestimmen. Und wenn sie auch keine Entdeckung machten wie Goethe mit seinem Kieferknochen: sie entdeckten die Lebendigkeit des Todes. Der Tod war ihnen, Novalis lernte es beim Tod seiner Braut, der mädchenhaften Sophie von Kühn, begreifen, kein rein tragisches Problem mehr: schicksalhaft verhängt, konnte er selbst den Überlebenden beseligen; wie er den Toten vollendete, dem Überlebenden auch zur Vollendung dienen. Die Menschen, die dem Leben von der anderen Seite beizukommen suchten, das waren Romantiker. Es ist klar, daß diese Umkehrung der Erdkugel, dies Auf-den-Kopf-Stellen der Dinge und Begriffe, dies die Sterne auf die Erde Herunterholen in der extremsten Fassung zum Paradoxon einerseits, zur Anbetung des Fragmentes anderseits führen mußte. Weder Tieck noch Brentano sind der Versuchung überspitzter Experimente entgangen. Einzig Novalis und Eichendorff, jener der edelste und zarteste, dieser der kräftigste Schoß am Strauch der Romantik, haben sich zur Vollendung entwickelt. Der Hang, mit sich selber und den anderen Zwiesprache zu halten, mußte zur ernsten und heiteren Geselligkeit führen, bei der die Frauen – wie sollte es anders sein? – das große und das kleine Wort führten. Ohne Bettina von Arnim und Rahel Varnhagen von Ense ist die Romantik nicht zu Ende zu denken. Aus den Tiefen der deutschen Volkspoesie hoben Arnim (aus Berlin, 1781–1831) und Brentano (aus Ehrenbreitstein, 1778–1842) jene wundervollen Volkslieder, die sie in des »Knaben Wunderhorn« sammelten. Sie selber freuten sich wie Kinder daran – und Kinder waren alle Romantiker irgendwie und irgendwo, abgesehen von den würdigen Brüdern Schlegel, den wissenschaftlichen Verfechtern der Theorie und (manchmal) Spiegelfechterei. Bettina-Goethes »Briefwechsel mit einem Kinde« ist ein typisches Produkt des romantischen Geistes: halb wahr, halb erfunden, Dichtung und Wahrheit, tief echt – und dennoch da und dort, der Wahrheit zuliebe – verlogen. Arnim und Brentano machte es einen Heidenspaß, in des »Knaben Wunderhorn« eigene Gedichte einzuschmuggeln. Wie Kinder erzählten sie sich auch mit Vorliebe Märchen oder ließen sie sich von den Gebrüdern Grimm (»Deutsche Kinder- und Hausmärchen«) erzählen und schrieben Märchendramen. Im Märchen und im kleinen Liede gelang ihnen ihr Schönstes, wenngleich sie auch im Romane rühmliche Leistungen aufzuweisen haben. Sie träumten so gern und sangen sich gegenseitig mit ihren Wiegenliedern in Schlaf. Und in ihren Schlaf tutete der Nachtwächter Bonaventura: schön und schauerlich. Aber sie hörten ihn längst nicht mehr. In ihren Träumen klagte die Flöte. Die kühlen Brunnen rauschten. Golden wehten die Töne nieder. – Hatte man ausgeschlafen und ausgeträumt, ritt man am Morgen in die Landschaft, speiste draußen in einem Dorf zu Mittag, tanzte mit den Dorfschönen und traf sich abends zu gelehrtem Gespräch mit den Schlegels. Man disputierte über die Shakespeareübersetzung August Wilhelm von Schlegels (aus Hannover, 1767–1845) oder über Friedrich von Schlegels (1772–1829) »Sprache und Weisheit der Inder«. Friedrich Schlegel sprach mit Feuereifer über die östlichen Kulturprobleme, aber er hörte es nicht gern, wenn man ihn an seinen erotischen Roman »Lucinde« erinnerte. Ganz in der katholischen Welt ging Novalis (Friedrich

v. Hardenberg aus Wiederstedt, 1772–1801) auf. Ihm war die Geliebte gleichbedeutend mit der Madonna.

Ich sehe dich in tausend Bildern,
Maria, lieblich ausgedrückt.

In den »Hymnen an die Nacht«, der wahren Göttin der Romantik – die Klassiker hatten den Tag geliebt und gepriesen, die Sonne war ihr Symbol, das Symbol der Romantiker: der Mond – gab Novalis sein Tiefstes.

Eichendorff und Hölderlin sind Nord- und Südpol der deutschen Lyrik. Goethe ihre Erdmitte. Hölderlin: ein Einziger unter den Deutschen, der hieratische Priester der heiligsten Empfängnis, der strengsten Verkündigung: Kind und Greis. Anfang und Ende. Goethe: der Mann, gewaltig schreitend, Flamme und Tuba. Eichendorff: das deutsche All im Regenbogen. Herz des Jünglings im Sommerabend wie eine erste und letzte Rose ausbrechend: durchblühend die Nacht bis zum Morgenrot. Eichendorff: das Volkslied. Goethe: die Trilogie der Leidenschaft des geistigen Menschen. Hölderlin: der Gottgesang. Wohl über ein halbes Hundert der schönsten deutschen Gedichte ist der schwärmenden, unbeirrbaren Einfalt des ewigen Jünglings E i c h e n d o r f f (1788 geboren auf Schloß Rubowitz in Schlesien, gestorben 1857) gelungen. Darunter ein Dutzend der allervollkommensten: »Zwielicht«, »Abend«, »Nachtgruß« – so sind sie überschrieben. Es ist die deutsche Sommernacht, welche zu tönen beginnt:

Nacht ist wie ein stilles Meer,
Lust und Leid und Liebesklagen

Kommen so verworren her
In dem linden Wellenschlagen.

Am Fenster lehnt ein junger Mensch und sieht hinaus in den milden Mond: der schwebt wie eine goldene Träne an seinen Wimpern. Da klingt aus weiter Ferne der Ton eines Posthornes – zwei junge Gesellen wandeln schattenhaft vorbei. –

Neben dem schlesischen Junker wurde auch ein preußischer Junker: Heinrich v. Kleist (aus Frankfurt a. O., 1777 bis 1811), vom romantischen Geist ergriffen. Eine Beziehung zwischen der märkischen Sandheide und dem romantischen Märchenland scheint sich kaum zu finden. Kleist fand sie, indem er das Märchen realisierte. Den Traum verwirklichte. Nüchtern raste. Einen Rausch der Sachlichkeit empfand. Die Phantasie entzauberte. Bei ihm rauscht kein Brunnen in der verschlafenen Sommernacht: sondern ein Krug geht zum Wasser – bis er bricht. (»Der zerbrochene Krug.«) Den intellektuellen Frauen der Romantiker stellt er jene süße, kindliche, unwissende, reine Gestalt des Käthchens von Heilbronn gegenüber: die liebt, weil sie lieben muß. Die unerschütterlich an ihr Herz glaubt, das Gott ihr verliehen, und die gekrönt war, längst ehe sie gekrönt ward. Welch ein Gegensatz zwischen ihr und der rasenden Amazone Penthesilea, die den Pelion auf den Offa türmen will, um den Himmel zu erreichen. Aber ihre Kraft erweist sich als zu schwach. Die Berge bröckeln aus ihrer Hand, und schließlich stürzen sie donnernd über ihr zusammen. Es ist die Tragödie der grenzenlosen Forderung: alles oder nichts. Es ist die Tragödie des Menschen, der über sich hinaus will, aber niemals über sich hinaus kann. Penthesilea ringt mit den Göttern Griechenlands. Der »Prinz von Homburg« mit dem preußischen Gotte der Disziplin. Pflichterfüllung bis zum äußersten war dem Homburgischen Prinzen gesetzt. Er hat sie verletzt und soll den Tod erleiden. Zuerst erscheint ihm der Tod als etwas Unfaßbares, er bricht unter der Last der Furcht zusammen: aber es gelingt ihm, sich emporzureißen, und das Gesetz der inneren Pflicht erkennend, sich ihm freiwillig zu beugen. Er wird aus einem unfreien zu einem freien Menschen. Die Todesnähe bringt ihm das wahre Leben der sittlichen Notwendigkeit nahe. Er hat den Tod in sich überwunden, so braucht er nicht mehr zu sterben.

Von der Gewalt, die alle Wesen bindet,
Befreit der Mensch sich, der sich überwindet.

In die Hermannschlacht hat Kleist seinen Napoleonshaß gegossen. Wie flüssiges Feuer durchbraust er das Drama. Er schäumt wie ein Wolf von den Lefzen auf der Jagd nach dem napoleonischen Fuchs. Napoleon ist ihm der Inbegriff der Tyrannei, der Ungerechtigkeit – und nichts ertrug Kleist weniger. In seinen lyrischen Haßgesängen (Germania und ihre Kinder usw.) hat er alle Lissauers des Weltkrieges an Blutdurst, Rachsucht und inbrünstigem Haß gigantisch übertroffen. Dieser pathologische Haßausbruch ist nur aus Kleist's empörten und verwundetem Gerechtigkeitsgefühl zu verstehen. Auch sein Michael Kohlhaas, der Held der gewaltigsten deutschen Novelle, wird aus verletztem Rechtsgefühl zum Mörder.

Vom Märchen zum Traum, vom Traum zu den Geistererscheinungen ist nur ein Schritt. Bei Geistern und Gespenstern kannte sich vortrefflich der genialistische E. Th. A. Hoffmann (aus Königsberg, 1776–1822) aus. In der Komposition von Erzählungen hat er in Deutschland so leicht nicht seinesgleichen. Vor dem Schlafengehen soll man sie nicht lesen. Man hat leicht eine schlaflose Nacht und kommt am Ende dazu, sich vor sich selbst zu fürchten. Solche Dämonen beschwört der unheimliche Zauberer aus unserer eigenen Brust heraus.

Von Österreich, dem deutschen Sprachgebiet an der Donau, haben wir seit der Zeit der Minnesänger wenig mehr gehört. Jetzt beginnt's auch in und um Wien wieder lebendig zu werden. Sie präferieren die bunte Gaudi der Romantik. Geister und Zwerge mitten zwischen den Menschen, das ist noch was, das laß ich mir gefallen. Gehen Sie mir mit dem Wallenstein! Mit solchen Leuten haben wir immer Pech. (Vide: Conrad Hötzendorff.) Ein Geistertheater auf dem Prater, das ist billiger, kostet kein Blut und unterhält und belehrt gleichzeitig. Ferdinand Raimund (1790 bis 1865) schrieb den Wienern solch scharmantes Geistertheater: »Der Alpenkönig und der Menschenfeind.« Und des biederen und klugen Nestroy (1802–1862) Volksstücke! Das ist Österreichertum, herzlich und ironisch, von der besten Seite. Franz Grillparzer (1791–1872) nahm das österreichische Problem (in »König Ottokars Glück und Ende«, »Ein treuer Diener seines Herrn«, »Ein Bruderzwist in Habsburg«) tragischer. Stofflich ein Romantiker, stilistisch eher ein Klassiker zu nennen, teilte er seine

Stoffe zwischen Österreich und Hellas (Sappho, eine Dichtertragödie, dem Tasso nicht unebenbürtig – Das goldene Vließ – Des Meeres und der Liebe Wellen, die holdeste deutsche Liebestragödie). Der tschechischen Mythologie entnahm er sein tiefstes Werk: Libussa, den alten Gegensatz zwischen Natur und Kultur behandelnd. Sein unerfülltes Liebesleben mit der ewigen Braut, mit der er rang wie mit der Muse selbst, hat viele Quellen in ihm verschüttet, die vielleicht aufgesprudelt wären, wenn er am eigenen Leibe und eigener Seele Eros zu tiefst verspürt hätte.

Elegisch beschließt die österreichische Romantik Nikolaus Lenau (1802–1850), ein Deutschungar. Er starb wie Hölderlin im Wahnsinn, nachdem er, mit dem Herzen eines Zigeuners und dem Munde eines Deutschen, die melancholischen Lieder der Steppe und der Schilfteiche gesungen.

Die Dichter der Befreiungskriege Theodor Körner aus Dresden, (1791–1813, »Leier und Schwert«), Max v. Schenkendorf (aus Tilsit, von 1783–1817), Ernst Moritz Arndt (von Rügen, 1769–1860) und viele andere standen bei den Monarchen und ihren Lakaien, den Lesebuchfabrikanten, lange in großem Ansehen. Ihre soldatische Lyrik diente nämlich dazu, die wahren Motive und vor allem den Schlußeffekt der »Befreiungskriege« zu verschleiern. In den Gedichten kämpfte der Soldat für Weib und Kind, für Heimat und Herd, für die heiligsten Güter der Nation, in Wahrheit jedoch für die Restitution der schwärzesten Reaktion, der Napoleon, Erbe der Französischen Revolution und ein liberaler Geist gegen die mittelalterlich verträumten oder verbohrten deutschen Fürsten, beinahe ein Ende bereitet hatte. Dem Ende mit Schrecken (1806) folgte seit 1813 der Schrecken ohne Ende. Das Versprechen der Verfassung wurde nicht gehalten. Selbst die erprobtesten Patrioten, wie Turnvater Jahn und E. M. Arndt gerieten in Auflehnung und Empörung. Sie forderten das unverjährte Recht der Pressefreiheit und Verfassung und hielten der aufsteigenden Jugend, die sich besonders betrogen glaubte, denn um sie, um ihre Zukunft ging es, tapfer die Stange. Die freiheitliche Bewegung der Jugend sammelte sich in der Burschenschaft und fand ihren imposanten Ausdruck im Wartburgfest (1817). Sie wurde bald verboten und Männer wie Arndt und Jahn verhaftet. Arndt wurde seiner Professur entsetzt. Was ist aus der deutschen Studentenschaft, der Burschenschaft, einst Träger des revolutionären deutschen Gedankens, geworden! Und was hat Deutschland zu gewärtigen, wenn seine Jugend nicht erwacht?

Das Umsichgreifen der europäischen und insbesondere der deutschen Reaktion seit dem Ende der »Freiheits«kriege rief die deutsche Jugend auf den Plan zum Kampf um die persönliche und allgemeine Freiheit. Das »junge Deutschland« stand auf und schleuderte von seiner Schleuder wie weiland David Kiesel und Steine gegen den Goliath der Reaktion. Der aber stand fest und lachte dröhnend, und der Kieselregen war ihm wie Mückenschwärmen. Hin und wieder packte er sich einen kleinen David und setzte ihn hinter Festungsmauern. Das »junge Deutschland« ist viel angegriffen worden: mit Recht und Unrecht. Dichterisch sind die Leistungen der politischen Lyriker um 48 meist recht armselig, Herwegh (aus Stuttgart, 1817–1875) einzig schwingt sich über die andern empor »wie eine eiserne Lerche« (Heine). Aber man packte sie nicht bei der Achillesferse ihrer dichterischen Leistung, man griff sie dort an, wo sie unangreifbar waren: in der Gesinnung. Die politische Lyrik der heutigen Zeit: des heutigen »jungen Deutschland«: Ehrenstein, Becher, Hasenclever, hat viele Ähnlichkeit in den Tendenzen mit der damaligen, wenngleich sie im Formalen gewichtiger geworden ist. Auch sie bieten im Künstlerischen viele Angriffspunkte. Aber man hüte sich, wie eine gewisse Kritik auch heute es übt, sie ihrer Gesinnung wegen im Dichterischen zu beanstanden. Da sind sie wie jene unantastbar. Die besten politischen Gedichte haben die gedichtet, die, wie Platen und Heine, auch »nebenbei«, nämlich in der Hauptsache, reine Lyriker waren. Sie opferten weder das Herz noch die gestaltende Kraft der politischen These und Phrase. Die Dichtung untersteht der reinen Vernunft, jener Göttin, die im absoluten Bezirke unbezwinglich thront. Politik und Kunst können sich mischen, gewiß. Ihre Vereinigung zum Gesetz erhoben, heißt Un-ding und Un-sinn zur Un-tat zwingen. Der Dichter hat die Pflicht, Politiker zu werden: vermöge seiner geistigen und moralischen Kräfte, angesichts seiner Stellung im Horizont der Menschheit. Er hat aber auch die Pflicht, Dichter zu bleiben, d. h. mythischer Diener der Wörtlichkeit und Künder des reinen Klanges. Herwegh ist gewiß eine respektable Erscheinung, aber nur von 48er Ideologien, von dem Symbol des politischen Dichters als des Dichters schlechthin gefangene Schwarmgeister werden in ihm einen großen Dichter sehen. Er war ein kleiner Dichter, aber immerhin ein Dichter. In seinen Versen rauscht die schwarzrotgoldene Fahne und klirren die Sensen aufrührerischer Bauern. Historisch sind die 48er Lyriker als die Träger des Revolutionsgedankens von größter Bedeutung. Alle Revolutionen sind mehr oder weniger von Literaten gemacht worden. Jahre und oft Jahrzehnte schon vor der Explosion begannen sie, Bomben zu legen und zu minieren. Das menschlich wie dichterisch fortreißendste Revolutionslied stammt von Heinrich Heine (aus Düsseldorf, 1797–1856): »Die schlesischen Weber«:

> Im düstern Auge keine Träne,
> Sie sitzen am Webstuhl und fletschen die Zähne:
> Deutschland, wir weben dein Leichentuch,
> Wir weben hinein den dreifachen Fluch:
> Wir weben, wir weben!

Um keinen deutschen Dichter ist so heftig der Kampf der Meinungen entbrannt wie um Heine. Man hob ihn in den höchsten Himmel. Stieß ihn in die tiefste Hölle. Man bleibe in der Mitte: lasse ihn auf Erden: hier war sein Platz und wird es immer sein als der eines tapferen Soldaten des Geistes und eines eigen- und einzigartigen Liedersängers. Er gehört mit Goethe, Eichendorff, Mörike zu den Meistern des deutschen Liedes: jener besonderen, dem Volksmunde entnommenen deutschen Dichtform, einer Form, wie sie die Romanen nicht kennen. Schmerz und Lust, Tod und Liebe sind die einfachsten Themen seiner einfachen Lieder. Laßt nur auf Schmerz sich Herz, auf Tod sich Morgenrot reimen: es sind die schönsten Reime, die man dazu finden kann. Man braucht sie gar nicht erst zu suchen, sie sind schon da: sie sind als Reimpaare in der deutschen Sprache und im deutschen Herzen zur Welt gekommen. Aber Heine singt nicht immer so einfache Lieder. Zuweilen wird es ihm unerträglich, daß jemand Fremdes aus seiner Seele lauscht. Er zerreißt die Saiten und die Töne plötzlich. Dissonanzen schrillen. Oder er nimmt gar die Laute und schlägt sie dem philisterhaften Greise, der ihn wie Susanne im Bade in seiner Nacktheit belauscht, auf den hohlen Schädel und um die Ohren. Diese ironischen Gedichte, gegen den Philister überhaupt und den Philister in der eigenen Brust gerichtet, gehören zu den merkwürdigsten Expressionen des menschlichen Pessimismus. Mit Ludwig Börne (aus Frankfurt, 1786–1837) und Karl Gutzkow (aus Berlin, 1811–1878) bekämpfte Heinrich Heine von Paris aus, wohin er aus dem gastlichen Deutschland geflüchtet war, »die Tyrannen und Philister«. Diesen Kampf vom Ausland her (man warf ihm, genau wie während des Weltkrieges den deutschen Emigranten in der Schweiz, vor, daß er mit vergifteten Pfeilen Deutschland in den Rücken schieße) hat man ihm besonders übel genommen, und ganz besonders übel seine Stellung zu den Hohenzollern. Er erwies sich aber in seinen politischen Bemerkungen und Schriften (»Französische Zustände« usw.) als Politiker von untrüglichem Instinkt und adlersicherem Blick. Man höre, wie er in der »Lutezia« die europäische Zukunft beurteilt. Er prophezeit ein großes »Spektakelstück«, den »gräßlichsten Zerstörungskrieg« zwischen Deutschland und England–Frankreich–Rußland. »Doch das wäre nur der erste

Akt des großen Spektakelstückes, gleichsam das Vorspiel. Der zweite Akt ist die europäische, die Weltrevolution, der große Zweikampf der Besitzlosen mit der Aristokratie des Besitzes, und da wird weder von Nationalität, noch von Religion die Rede sein: nur ein Vaterland wird es geben, nämlich die Erde, und nur einen Glauben, nämlich das Glück auf Erden ...«

Heine war nicht nur Dichter, er war vor allem Schriftsteller. Als solcher hat er unter- und überirdisch eine Wirkung ausgeübt, die nicht leicht überschätzt werden kann. Er ist der Prototyp des Zeitungskorrespondenten: der erste europäische Journalist und Feuilletonist. Daß seine Wirkung nicht nur heilsam war: wollen wir's ihm ankreiden oder nicht vielmehr seinen törichten und anmaßenden Epigonen? Freilich, auch er ist gestrauchelt: in so mancher seiner privaten Polemiken (gegen Platen z. B.). Er hat dies und vieles mehr gebüßt in seiner »Matratzengruft« in jahrelangen Leiden, die ihn ans Bett fesselten und zum langsamen Tode verurteilten. Er nannte sich selber der »Arme Lazarus«. Und unter den Lazarusgedichten finden sich seine echtesten und ergreifendsten Gedichte. Alle seine Schmerzen legte er in ihnen bloß. Er war schon lange des Lebens müde geworden. Die vielen Frauen, die ihn geliebt hatten, waren von ihm gegangen. Geblieben war bei ihm sein »dickes Weib Mathilde« und eine kleine letzte Freundin: die Mouche, wie er sie nannte, die Fliege. Aber sie vermochte nur selbst zu fliegen, ihm selber konnte sie das Fliegen nicht mehr beibringen. Er war so sterbensmüde geworden:

Gut ist der Schlaf, der Tod ist besser – freilich
Das Beste wäre nie geboren sein.

Und oft sprach er vor sich hin, wenn niemand ihn hörte:

Der Tod, das ist die kühle Nacht,
Das Leben ist der schwüle Tag,
Es dunkelt schon, mich schläfert …

Über den sogenannten schwäbischen Dichterkreis sind wir mit Heine einer Meinung. Die schwäbischen Dichter, unzählbar wie der Straßenstaub in Stuttgart, zeichnen sich durch eine betonte Philisterhaftigkeit aus. Wenn ihrer trefflichen, wohlgerundeten Gattin sonntags die Klöße oder die Spätzle nicht recht gerieten, dann ziehen sie die Stirne kraus, die Adern schwellen, und auf dem Kopf die Nachtmütze zittert vor Erregung. Sie laufen erregt durchs Zimmer und stolpern wohl über die Quasten und Bommeln ihres Schlafrockes. Und sind erst beruhigt, wenn Mutter die Pfeife stopft und einen extra guten Kaffee zum Nachtisch kocht. Da schwellen die Adern ab, die Nachtmütze beruhigt sich. Die Jüngste bringt ein blaues Schreibheft von Vaters Schreibtisch, die Älteste Tinte und Gänsekiel. Und, bewacht und betreut von den Seinen, beginnt Vater zu dichten. Ludwig Uhland (1787–1862) ist in Tübingen geboren, und der Geist dieser kleinen Wald- und Universitätsstadt war der seine. Ernste Wissenschaftlichkeit in den grauen Hörsälen, das heitere Spiel der Wolken und Winde über den bebäumten und wiesengrünen Hügeln. Und wie in den Gasthäusern der Dörfer rings um die Studentenstadt die Rapiere der schlagenden Verbindungen klirrten, so stand Ludwig Uhland ewig auf der Mensur für »das gute alte Recht« des Volkes, für Deutschtum und Demokratie gegen die kleinliche Tyrannei der kleinen Fürsten. Er wurde 1848 als Vertreter der demokratisch-großdeutschen Fraktion in das Frankfurter Parlament gewählt, nachdem er schon 1833 seine Tübinger Professur für deutsche Literatur wegen politischer Differenzen mit der württembergischen Regierung niedergelegt hatte. Seine eigentliche poetische Produktion fällt in die erste Hälfte seines Lebens. Da sang er jene schönen Lieder, die längst in den Volksmund übergegangen sind: »Ich hatt' einen Kameraden« und Balladen wie »Das Glück von Edenhall«. Als Balladendichter ist neben Uhland der Schlesier Moritz Graf Strachwitz (1822–1847) hervorzuheben, der mit Günther, Büchner, Hauff zu jener edlen Reihe jung verstorbener deutscher Dichterjünglinge gehört, die der schwärmerischen Liebe ihres Volkes immer gewiß sein werden. Die Ballade nach der komischen Seite hin bearbeitete in lustigen gereimten Schwänken der weinselige August Kopisch (1799–1853), dessen »Heinzelmännchen« wir als Kinder mit brennenden Augen, dessen »Historie von Noah« wir als Studenten mit weinfeuchten Augen lasen. Der alte Kopisch saß mit seiner roten Nase in unserer Korona auf dem Schloßberg von Heidelberg, hob mit der einen Hand den goldgefüllten Römer, mit der anderen den Zeigefinger und sprach warnend: »Trinkt kein Wasser, Kinder! Ihr kennt die Geschichte von der Sintflut? Trinkt kein Wasser,

dieweil darin ersäufet sind
all sündhaft Vieh und Menschenkind ...«

Daß der leichtblütige und leichtsinnige Kopisch der beste Freund des schwermütigen und schwerblütigen Grafen Platen (aus Ansbach, 1796–1835) war, mag nachdenklich stimmen. Aber vielleicht hatte Platen Kopisch nötig wie Kopisch – den Wein. Um sich in der Misere seines Lebens mit Heiterkeiten hin und wieder zu betrinken. Platens Schicksal war die Männerfreundschaft und Knabenliebe. Er suchte Adonis, ohne ihn zu finden. Seiner inbrünstigen Sehnsucht nach einem Echo seines Herzens verdanken wir die schönsten deutschen Sonette. In Syrakus ist er gestorben, vielleicht, wie er einst sang, im Arme des endlich gefundenen Götterjünglings.

Es gibt ein Wort: Nur wer wahrhaft schlecht gewesen ist, kann wahrhaft gut werden. Buddha selber muß in einem früheren Leben einmal ein Mörder gewesen sein. Niemand sehnt sich so brennend nach Erlösung wie der Unreine, der Verfehmte, wie der Verbrecher, der seines Verbrechens sich bewußt wird. Friedrich Hebbel, ein Bauernsohn aus Dithmarschen (1813–1860), war vielleicht das, was man einen bösen Menschen nennt. Von Dämonen gehetzt brach er, ein verhungerter Wolf, an dem man jede Rippe einzeln zählen konnte, in die Lämmerweide der deutschen Dichtung ein. Jedes Mittel war ihm recht, seinen geistigen Hunger zu stillen. Er schlug Eide in den Wind und verriet Frauen, die ihn liebten, und ohne die er krepiert wäre – um der Idee zu dienen. Er war ein armer Schächer, ans Kreuz dieses Lebens geschlagen. Er häufte Schuld auf Schuld – und wußte darum und litt darunter. Die erschütterndste Tragödie, die er schrieb, ist sein Leben. Wir leben es erschütternd mit, während wir die Dramen, die er schrieb, nur staunend respektieren. Lieben können wir den Menschen Hebbel. Den Dichter wollen wir ehrfurchtsvoll salutieren. Am liebenswürdigsten zeigt er sich noch in seinen Gedichten. Es ist psychologisch beachtenswert, daß Hebbel selbst seine Lyrik für seine bedeutendste dichterische Leistung hielt. Er selbst konnte wohl gedanklich, aber gefühlsmäßig mit seiner wie ein Eisengerüst konstruierten Dramatik nicht mit. Seine Logik überspitzte sich (in Maria Magdalena, in Agnes Bernauer). Er verfolgte ein Problem noch über seine Lösung hinaus und bewies dadurch, daß ihm das Problem an sich wichtiger war als das Leben, welches die Probleme stellt. Seine Dramen sind alle irgendwie erstaunlich, man muß, wie der Wärter im zoologischen Garten auf sonderbare Tiere, mit dem Stock darauf zeigen. Seine Nibelungentrilogie ist eine Monstrosität. Der Vollendung am nächsten kommt vielleicht sein Jugendwerk »Judith«, in dem das Problem des Zwiespalts zwischen Neigung und Pflicht, zwischen Sinnlichkeit und Sinn, zwischen ethischer Forderung und menschlicher Schwäche klar gestellt und klar beantwortet wird. Die Witwe von Bethulia nahm eine Aufgabe auf sich, der sie als Mensch zwar, doch nicht als Weib gewachsen war. Das ist ihre Tragik. Hebbel nahm eine Aufgabe auf sich, der er als Denker zwar, doch nicht als Dichter gewachsen war. Das ist seine Tragik. Sein Antipode, aus ähnlich niederem Milieu entwachsen, Christian Dietrich Grabbe (1801–1836), Sohn eines Zuchthausaufsehers in Detmold, wollte weniger – aber konnte mehr. Er empfing seine ersten Eindrücke, wenn er im Zuchthause spielte und die Gefangenen wurden zum Spaziergang an die frische Luft geführt. Zwei und zwei, zwischen grauen Mauern, den grauen Himmel über sich, umschritten sie schweigend in ihren Anstaltskleidern das vorgeschriebene Kreisrund, bis die Zeit erfüllet ward. Seine Dramenhelden: der Herzog von Gothland, Napoleon, Hannibal, haben alle etwas von Zuchthäuslern, die an den Stäben ihres Gefängnisses rütteln: vergeblich. Der Zwiespalt zwischen Idee und Wirklichkeit scheint unentrinnbar. Der hehrste und heiligste Wille wird in den Staub gezogen: Achilleus schleift Hektors Leiche an seinem Wagen um die Mauern von Troja … Immer fällt Hektor, der Anwalt der reinen Idee, und immer siegt Achilleus, grobschlächtig und protzig, weil er die Macht und die realen Dinge hinter sich hat. Die tiefste Tragödie freilich spielt sich im Herzen des Menschen ab. Grabbes Stauffendramen (Heinrich VI., Barbarossa), vor allem aber Napoleon und Hannibal nähern sich der durch Faust und Wallenstein bezirkten großen Tragödie. Dieser Hannibal ist ein ungeheuerlicher Bursche. Eine riesige Termite, die in der winzigen Ameisenwelt, ein Held, der unter den Händlern zugrunde gehen muß. In »Don Juan und Faust« machte Grabbe den kühnen Versuch, den germanischen und den romanischen Typus nebeneinanderzustellen. Sein Lustspiel »Scherz, Ironie, Satire und tiefere Bedeutung«, in dem der Autor voll romantischer Ironie höchstpersönlich nicht ohne tiefere Bedeutung auftritt, bildet in seiner bäuerlichen und teuflischen Derbheit ein Gegenstück zu Georg Büchners zartem und schwankem Schwank »Leonce und Lena« mit seinen zerbrechlichen Figuren und Kontroversen. Georg Büchner (aus dem Darmstädtischen, 1813–1837) konnte aber auch anders als sanft lächeln oder vertrottelt disputieren. Wie einen erratischen Block schleuderte er sein französisches Revolutionsdrama »Dantons Tod« von sich. Auch in seiner von Gutzkow überlieferten Gestalt (die Urform ging verloren) gehört es zu den mächtigsten deutschen Dramen: hier ist erstmalig, wie später erst wieder bei Gerhart Hauptmanns »Webern«, ein ganzes Volk der Held. St. Just, Robespierre, Danton sind seine Exponenten. Den Streit aller Revolutionen zwischen Individualismus und Kommunismus entscheidet der einzige Richter, der ihn zu entscheiden vermag: der Tod. Er lenkt die Guillotine, die heute Dantons Haupt frißt, die morgen das Haupt Robespierres fressen wird, bis übermorgen Napoleon sie von der Bühne des Welttheaters entfernt. Für eine Weile … Er hat andere Requisiten und Maschinen, die nicht weniger exakt und blutig arbeiten: Kanonen und Mitrailleusen. – Im Wozzek, der Fragment geblieben ist, knüpft Büchner an Lenz an (dem er eine schöne Novelle gewidmet hat). Die bürgerliche Tragödie, die Hebbel mit der Maria Magdalena schreiben wollte, sie gelang, selbst im Fragment, Büchner mit seinem Wozzek. Vom Wozzek läuft die Tradition zu Wedekind, der von niemand mehr gelernt hat als von diesem Büchnerschen Aphorismus. Auch als politischer Revolutionär ist Büchner von eminenter Bedeutung. Seine Botschaft »Friede den Hütten. Krieg den Palästen!« ist das flammendste deutsche revolutionäre Manifest überhaupt. Büchner starb zehn Jahre zu früh. Er wäre der gegebene Führer der 48er Revolution geworden. Er wurde nur vierundzwanzig Jahre alt. Ein Jahrhundert hat der Heldentod des Jünglings Theodor Körner, der ein guter Soldat, aber ein schlechter Trompeter war, das Heldenleben des Jünglings Georg Büchner völlig verdunkelt.

Heinrich Laube (aus Sprottau, 1806–1884) schlug die dramatische Pauke, daß einem Hören und Sehen verging. Sein »Graf Essex« war das erste Theaterstück, das ich als Knabe auf der Schmierenbühne einer märkischen Kleinstadt sah. Niemals mehr hat ein Drama einen solchen Eindruck auf mich gemacht. Ich sehe noch immer den schlotternden Essex im Kerker sitzen und höre auf einem vom Bäcker geborgten blechernen Kuchenteller zwölfmal die Stunde des Gerichtes schlagen. Alle Schauer jagen mir im Gedächtnis daran über den Rücken, und ich drücke den vereinigten Geistern von Laube und Essex pietätvoll und gerührt die Hand. Zu meinen erfreulichsten Jugenderinnerungen aus dem Gebiete der Literatur gehören auch Willibald Alexis (aus Breslau, 1798–1871), in den Schullesebüchern immer mit dem homerischen Beinamen »der Vortreffliche« geehrt, welcher nicht undichterische historische Romane aus meiner engeren Heimat schrieb: »Die Hosen des Herrn von Bredow«, »Der Roland von Berlin«, und Wilhelm Hauff (aus Stuttgart, 1802–1827), in den Schullesebüchern ein wenig zärtlich, aber auch ein wenig von oben herab, »der Jugendliche« genannt. Zu der Geste des Von-oben-herab ist bei ihm nun keine Veranlassung. Er ist kein großer Dichter: zu den Klassikern haben ihn nur die Fabrikanten von Klassikerliteratur gemacht: denen genügen Schiller, Goethe, Kleist aus Geschäftsgründen nicht, die

Brautpaare verlangen beim Heiraten zur Komplettierung ihrer Wohnungseinrichtung eine ganze Klassikerausstattung: dazu gehören denn auch vor allen Dingen Theodor Körner und eine ganze Anzahl völlig unmöglicher und verstaubter alter Herren, wie Gaudy, Gutzkow usw. Hauff ist nun ganz und gar nicht verstaubt. Er ist kein großer Dichter, aber ein Erzähler von prachtvoller novellistischer Begabung, wie seine Märchen und Novellen beweisen. Ein Glanzstück unserer novellistischen Poesie gelang einem Franzosen: Adalbert v. Chamisso (aus der Champagne, 1781–1838) mit seinem Peter Schlemihl, dem Mann, der seinen Schatten verkauft hat. Peter Schlemihl ist eine sinnbildliche und sprichwörtliche Figur geworden. Ich weiß allerdings nicht, ob er auf meine Mitbürger noch viel Eindruck macht. Sie sind ja längst gewohnt, nicht nur ihren Schatten, sondern auch den Schatten ihres Schattens, und die Sonne, die den Schatten hervorruft, zu verkaufen. Ja, sie verkaufen sogar Peter Schlemihls wundersame Geschichte, statt sie einem jeden gratis ins Haus zu bringen, als Luxusdruck zu 300 Mark und mehr. Armer Schlemihl! Hättest du zur Subskription auf dich selbst einladen können: du hättest deinen Schatten nicht zu verkaufen brauchen! Aber du hast es eben nicht verstanden, dein Geschäftsinteresse wahrzunehmen. Dies verstand auch Adalbert Stifter nicht (aus dem Böhmerwald, 1805–1868), der zarte Pastelle und gestrichelte Federzeichnungen nach der Natur auf kleine weiße Blätter malte und zeichnete. Die Blätter sammelte er und gab ihnen dann (wie wenig geschäftstüchtig war er doch!) so unscheinbare Namen wie: »Studien«. Wer in den Sommerferien in den bayerischen Wald reist und läßt Stifters Erzählungen, vor allem den Hochwald, zu Hause, der verdient es nicht, Sommerferien im bayerischen Wald zu erleben. Reist er aber nach Westfalen, so muß er sich den »Oberhof« von Karl Immermann (aus Magdeburg, 1796–1840) in den Rucksack stecken, oder, falls er über Zeitbedingtes hinwegzulesen versteht, den ganzen »Münchhausen«. Auch darf er von Immermann die tiefsinnige Mythe »Merlin«, die Tragödie des Widerspruchs, nicht vergessen. Wenn der dem Dichter hoffentlich geneigte Leser auch den Widerspruch nicht lösen sollte – was tut's? Begreift er Goethes »Geheimnisse«? Oder Hölderlins letzte Gedichte? Oder die Oden von Pindar? Muß denn alles so verständlich sein wie ein Gespräch über die teuren Zeiten im Kaufmannsladen? Nicht jeder ist ein Alexander, nicht jeder vermag den Gordischen Knoten derart gewalttätig mit dem Schwert zu lösen, und manchmal tut's nicht einmal gut, die Lösung mit dem Schwert, meine ich, wie exempla docent.

Abseits von allen Zeitstürmen saß in Kleversulzbach in Schwaben unter der Pfarrhauslinde, behaglich seine lange Pfeife rauchend, im bunt geblümten Schlafrock mit den goldenen Quasten: Eduard Mörike (1804–1875). Wie Büchner von Körner, so ist sein helles Gestirn von der Wolke eines Geibel beschattet worden, und bis ans Ende des 19. Jahrhunderts haben wenige gewußt, was hinter dem biederen Pfarrer von Kleversulzbach steckt. Ferdinand Freiligrath (aus Detmold, 1810–1876), und Friedrich Rückert (aus Schweinfurt, 1788–1866), um noch die besten zu nennen, blendeten die deutsche Leserwelt mit ihrer Exotik voll ungewöhnlichen lyrischen Farbenreichtums. Der Allerweltsepigone Geibel und die Geibelepigonen versüßlichten den Geschmack des deutschen Publikums vollends, so daß es an einem klaren Trunk, wie ihn Mörike kredenzte, keinen Geschmack mehr fand. Zu alledem schrien dem deutschen Volk die politischen Dichter noch die Ohren voll, Herwegh an der Spitze, bescheiden wie sie immer sind, traten sie trompetend vor ihre Jahrmarktsbude und schrien: »Nur immer hereinspaziert, meine Herrschaften! Wir haben die einzig echte, die einzig wahre, die politische Kunst gepachtet!« Sie hatten eine Menge Zulauf. Auch Freiligraths wohlassortierte Menagerie, in welcher der Wüstenkönig, der Löwe, die Hauptattraktion bildete, und wo ein waschechter Mohrenkönig an der Kasse saß, wurde überlaufen. Der Blumenstand, an dem die Muse selbst Mörikes Feldblumen oder auch Rosen und Nelkensträuße feilhielt, wurde nicht beachtet. Eduard Mörike hatte mit einer Paraphrase des Wilhelm Meister: dem Roman Maler Nolten, begonnen, der nicht ohne Eindruck blieb. Mit Gottes Wort, das Gott ihm selber in den Mund gelegt, mit seinen Gedichten predigte der Kleversulzbacher Pfarrer lange tauben Ohren. Seine Verse sind nicht gemeißelt wie die Hölderlinschen, nicht in der Trunkenheit herausgebrüllt wie die Güntherschen, nicht ziseliert wie die Heineschen, geflötet wie die Platenschen: sie fielen wie reife Früchte vom Baum in seinen Pfarrhausgarten. Sie sind nicht erkünstelt, nicht erzwungen: sie sind rund und vollendet und duften wie reife Äpfel. Der Sonnenblume gleich stand sein Gemüt offen. Er brauchte in seiner friedlichen Seele keine Schlachten zu schlagen wie Hebbel. Nur schwach schwankte die Schale zwischen Lieben und Leiden. Seine Phantastik schweift milde wie ein Sommervogel in seinen Erzählungen (Mozart auf der Reise nach Prag) und Märchen. Er erschreckt nie. Seine Schauergeschichten machen lächeln. Und wenn er dunkel ist, so ist er dunkel wie eine Sommernacht in Kleversulzbach, warm und besternt, und wir wissen, daß die Morgenröte nicht fern ist. Dann werden wir mit dem Kleversulzbacher Pfarrherrn und seinem Küster auf den Kirchturm steigen.

Die Schweizer hatten sich mit dem Fabeldichter Ulrich Boner, mit Bodmer, Breitinger und vor allem mit Geßner schon vorteilhaft in die deutsche Literatur eingeführt, als sie mit J e r e m i a s G o t t h e l f (aus Murten, 1797 bis 1854) einen Haupttreffer machten. Was sind das für Kerle, die Schweizer Bauern und Bäuerinnen des Pfarrers Bitzius aus dem Emmental. Auf angeerbter Scholle sitzen sie: derb, treuherzig, fromm. Kein Falsch ist an ihnen und kein Flitter. Ihr Wort: eine Enzianblüte im Gebirge. Die Schweizer können aber nicht nur bäuerisch derb, sie können auch städtisch, à la mode oder historisch gekleidet daherstolziert kommen, wie Gottfried Keller und Conrad Ferdinand Meyer beweisen.

G o t t f r i e d K e l l e r (aus Zürich, 1819–1890) läßt seinen »Grünen Heinrich« in der Tracht aufmarschieren, die Grimmelshausen, Heinse, Goethe in die deutsche Literatur eingeführt haben: jeder mit etwas anderem Schnitt. Das Problem der Entwicklung beherrscht den »Grünen Heinrich« auf seinen tausend Seiten: so gut wie Simplex, wie Ardinghello, wie Wilhelm Meister ist er auf dem Wege zu sich selbst. Der Weg, der zu einem selbst führt, ist nun nicht so bequem wie die Chausseen bei Kopenhagen, wo alle fünf Minuten, an jeder Wegbiegung, eine Tafel steht: nach da und nach da und nach da: man kann nicht fehlgehen. Wie steht es hingegen mit den Wegen zu sich? Da gerät man auf allerlei Nebenpfade, in Gestrüpp, Wolfsgruben, auf fremden Besitz, und man muß froh sein, wenn man schließlich am Abend die Herberge findet und auf der harten Ofenbank schlafen darf. Man weiß manchmal wirklich nicht, ob man das Rechte trifft, wenn man z. B. Maler- und Anstreicherlehrling wird. Und schließlich wendet sich doch alles zum Rechten, denn man bringt von der Malerei ein unverlierbares Gut im Felleisen heim: die Kraft der lebendigen Anschauung aller Dinge. Es kommt für den Dichter nicht darauf an, die Gedanken zu Ende zu denken, sondern auch den Erscheinungen bis ins Herz zu sehen, sie zu durchschauen. Als wäre der Mensch ein Stück Glas. Solches konnte Gottfried Keller. Und weil er eine so klare Anschauung von den Menschen hatte, deshalb gerieten sie in seinen Novellen so klar und durchsichtig. Diese Novellen, gesammelt in den Büchern »Die Leute von Seldwyla«, »Sieben Legenden«, »Züricher Novellen«, »Das Sinngedicht« – bedeuten einen Gipfel deutscher Erzählerkunst. Wer als Erzähler ihn wieder erreichen will, der muß hoch und mühsam klettern – da wird es nicht so bequem hinaufgehen wie auf den Rigi, das ist schon mehr eine Matterhornbesteigung. Gottfried Keller hat ein vollkommenes Gedicht, das Gedicht vom alten Pan im Walde, geschrieben. Sein

Landsmann Heinrich Leuthold deren drei oder vier, sein anderer Landsmann C. F. Meyer (aus Zürich, 1825–1898) deren viele. Hat Gottfried Keller typisch schweizerische Züge in seinem Wesen und Dichten, so wird man bei Meyer trotz manchen schweizerischen Stoffes (der Roman »Jürg Jenatsch«) vergebens danach suchen. Seine Landsmannschaft ist undeutlich und unbestimmt. Er hat sich selbst als Statue eines Dichters nach einem Idealbild konstruiert. Er führte das Leben einer steinernen Statuette: ganz Marmor, ganz Glanz. Vierzig Jahre war C. F. Meyer, als er sein erstes Buch, ein kleines Buch Gedichte, veröffentlichte. Er hat mit seinen Gedichten sein Bestes gegeben, ungeachtet mancher schönen Novelle. Die Gedichte sind von einer leidenschaftlichen Liebe zur Form erfüllt. Genug konnte ihm nie und nimmermehr genügen. Ihm zitterte eine Flamme im Busen, die er mit heiliger Scheu hütete.

> Daß sie brenne rein und ungekränkt.Denn ich weiß, es wird der ungetreueWächter lebend in die Gruft gesenkt.

Von den Göttern, die er oft zu sich zu Gaste lud, waren ihm Bacchus und Silen die liebsten.

> In der schattendunklen Laube gab Silen, der weise, Stunde,Der ihm weich ans Knie geschmiegte Bacchus hing an seinem Munde, Lieblich lauschend.

Und sein schönstes, sein wildestes Symbol fand C. F. Meyer in der Veltlinertraube.

Es ist dem Trifolium Spitteler, Nietzsche, George zu danken, daß die deutsche Sprache in den achtziger Jahren nicht völlig unter die Räder der naturalistischen Bier- und Leiterwagen kam. Carl Spitteler (aus Liestal, geboren 1845) sagte mit seinem »Prometheus und Epimetheus« der Wirklichkeit, die sich verwirkt hatte, die Fehde an. Leider wurde er selbst in seinen nächsten Werken aus einem Prometheus, einem Fackelbringer, ein Epimetheus, ein Mensch der Verwirrung und des Dunkels, denn in »Conrad, der Leutnant« und »Imago« tut er es den schlechtesten Naturalisten und Psychologisten gleich. Daß der bedeutendste Psychologe der Gegenwart, Professor Freud in Wien, seine Zeitschrift nach der »Imago« nannte, ist zuviel der Ehre für dieses ganz analytische, aber der Synthese völlig ermangelnde Buch. Jeder Dichter, Herr Professor Freud, ist instinktiv Psychoanalytiker. Aber hier beginnt erst der Weg und der Wille zum Psychosynthetiker. Im »Olympischen Frühling«, dem großen griechischen Epos, hat Spitteler sein bestes Selbst wiedergefunden. Er fand das Reich Apollos, das Reich, »das nicht von dieser Welt ist«. – Von jüngeren Schweizern sind zu nennen: der früh (1919) verstorbene Karl Stamm, ein Lyriker von vielen Graden, der zarte Idylliker Robert Walser, der religiös vergrübelte Albert Steffen (geb. 1874), Romandichter theosophischer Richtung.

Eine in ihrer verbohrten Problematik Hebbel geschwisterte Natur ist Otto Ludwig (aus Eisfeld, 1813–1865). Er sah sich zeitlebens im Schatten Shakespeares stehen und kam deshalb nur in seinem biblischen Trauerspiel »Die Makkabäer«

und in seinen Novellen über ihn hinaus, in denen er als antizipierter Dostojewski und Zola erscheint. Es könnte nicht schaden, wenn – über Dostojewski – Otto Ludwigs Prosa nicht vergessen würde. Sie ist der feierlichen Auferstehung wert. Wird Gustav Freytag (aus Kreuzburg, 1816–1895) aus der Gruft der Vergessenheit auferstehen? Vielleicht mit seinem bürgerlich-soliden Roman »Soll und Haben«, worin jedem Charakter sorgsam sein Debet und Kredit zuerteilt ist. Des Mecklenburgers Fritz Reuters (1810–1874) humoriges und herzliches Plattdeutsch ist leider nur einem engen Kreise von Deutschen verständlich. (»Ut mine Stromtid.«) Wilhelm Raabes (aus Escherhausen, 1831 bis 1910) ernster Humor, seine bedächtige Menschenfreundlichkeit, seine bittersüße Melancholie, wird deutschen Herzen als eine deutsche Angelegenheit immer lieb und vertraut sein. Für Wilhelm Raabe gibt es kein besseres Epitheton als dies ohne jeden Nationalismus gesagte: deutsch. »Der Hungerpastor«, »Der Schüdderump«, »Horracker« werden bleiben wie des Friesen Theodor Storm (1817–1888) rosenblätterige Novellen: Immensee, Pole Popenspäler, Der Schimmelreiter und die kleine Erzählung »Im Saal« – eines der frühesten und schönsten Gebilde Storms, das er im Revolutionsjahr 1848 ersann. Die Sehnsucht nach der guten friedlichen Zeit, der wir sonst zu trauen gar nicht geneigt sind, wird, wenn wir sie lesen, übermächtig in uns. Früher – ja, das war freilich eine stille, bescheidene Zeit: »Die Menschen waren damals noch höflicher gegeneinander. Das Disputieren und Schreien galt in einer feinen Gesellschaft für sehr unziemlich. Wer seine Nase in die Politik steckte, den hießen wir einen Kannegießer, und war's ein Schuster, so ließ man die Stiefel bei seinem Nachbar machen. Die Dienstmädchen hießen noch alle Stine und Trine, und jeder trug den Rock nach seinem Stande … Aber was wollt ihr denn?« fuhr die alte Großmutter fort, »wollt ihr alle mitregieren?« Ja, Großmutter, das wollen wir nun freilich, und darum sind wir auch alle so unglücklich und ruhlos, so hin und her gerissen zwischen Stern und Erde, so kriegerisch und friedlich zugleich.

Paul Heyse ist im Strom der Zeiten schon versunken, so tief versunken wie Geibel (aus Lübeck, 1815–1884), der einst so hochgefeierte. Geibel wollte 1871 mit seinen »Heroldsrufen« eine große Zeit einrufen. Aber Krieg und Sieg von 1870/71 hatten für die deutsche Dichtung und Kultur eine katastrophale Wirkung. Die Heroldsrufe riefen einem Zeitalter, das in niedrigstem Materialismus, größtem Größenwahn, in Goldsucherei, Aufgeblasenheit (aufgeblasen wie ein Jahrmarktsschwein) und Chauvinismus seinesgleichen suchte. Hohenzollernsch patentierter, mehr oder weniger gereimter Patriotismus von Geibel und seinen Nachbetern und Nachtretern lyrisch, von Wildenbruch, selbst einem abseitigen Hohenzollernsproß, dramatisch aufgeputzt, von Julius Wolff in seinen Ritterromanen in die große Vergangenheit projiziert, aus ihr eine große Gegenwart und große Zukunft abstrahierend (wie sprach doch Wilhelm II. einst? »Ich führe euch herrlichen Zeiten entgegen …«), süßlich gesabberte Lyrik der Baumbäche und Bodenstedter, eine unechte flache Erzählerkunst – das waren die ersten kulturellen Früchte der Einigung des deutschen Volkes. Fast zwei Jahrzehnte hat das deutsche Volk diese Limonadensuppen in sich hineingesoffen, während ihm der frische Trunk der echten Dichtung, den ihnen Mörike, Raabe, Leuthold, C. F. Meyer, Fontane spendeten, nicht recht munden wollte. Einzig Theodor Fontane (aus Neuruppin, 1819 bis 1898) brachte es zu einiger Berühmtheit, nicht aber wegen seiner großen Kunst der Milieu- und Menschenschilderung, sondern wegen seiner stofflichen Vorwürfe, die er meist dem Leben des märkischen Adels entnahm. Niemand hat das Gute und Edle, was im spezifisch-junkerlichen Typus steckt: die starre Pflichterfüllung, das karge, wie hinter geschlossenen Türen geführte Gefühlsleben, das moralisch-märkische Pathos reiner glorifiziert und geschildert als Fontane im »Stechlin«. Auch das alte Berlin der siebziger und achtziger Jahre fand in ihm seinen berufenen Schilderer. Wer sich vom heutigen Berlin entsetzt abwendet, versäume nicht, dem Fontaneschen einen Besuch abzustatten. Er wird entzückt aus diesem Berlin, das unwiederbringlich dahin ist, zurückkehren. Das Gelungenste und Geformteste in Fontanes Romanen sind die Frauengestalten: Cecile und Effi Briest wandeln in einem Reigen mit Mignon und Philine, Liane und Toni Häusler.

Otto Ludwig und Theodor Fontane im Erzählerischen, Hebbel und Anzengruber im Dramatischen, Leuthold im Lyrischen, sind die Vorläufer und Fanfarenbläser der Bewegung, die man als die naturalistische bezeichnet hat. Es ist zu bemerken, daß Naturalismus, Impressionismus, Expressionismus, Futurismus nur Hilfsworte sind, um Begriffen und

Bewegungen, Ideen und Wallungen beizukommen. Wo der Ismus aufhört, da fängt der Dichter erst an, denn letzten Grundes macht die Einzelseele, nicht die Massenpsyche oder -psychose erst den Dichter zum Dichter. Jeder Mensch hat eine bestimmte seelische Richtung, in der er läuft, und wer in derselben Richtung geht, den begrüßt er als seinen Weggenossen mit besonderer Herzlichkeit. Nun gibt es aber viele Wege. Viele Wege führen nach Rom: ins Heiligtum der Kunst, in den Tempel des Gottes. Es ist Überheblichkeit, den Weg, den ein anderer geht, von vornherein als einen falschen zu bezeichnen und Hohn und Gelächter ihm nachzurufen. Als Maßstab der Kritik darf nur die Qualität gelten: der Zusammenhang des relativen mit dem absoluten Prinzip. Ein guter naturalistischer Roman ist mir lieber als ein schlechter expressionistischer und umgekehrt. – Was wollte der Naturalismus? Er entstand als kraftvolle Gegenbewegung gegen die unwahre und unechte Afterkunst, wie sie seit 1870 in Deutschland zur herrschenden geworden war. Er lehnte allen Historismus, alle idealisierende Stilisierung ab: wollte nur lebenswahr sein und forderte an Stelle einer Verhüllung der Natur ihre Entschleierung bis zur letzten Nacktheit. Er wollte die Natur abschreiben, die natürlichen Dinge natürlich darstellen. Wenn der Naturalismus die Imitation der Natur vielfach zur These erhob, so beging er natürlich a priori einen Denkfehler. Eine Nachahmung der Natur kann es nicht geben: immer tritt ja der Gestaltende mit einem subjektiven Willen an sie heran. Einzig der Buddha, der völlig Objektivierte, könnte auch ein vollkommener Naturalist sein: aber er würde es wiederum nicht sein, weil ihm der Wille zur Gestaltung von vornherein abgeht. Er will nichts. Der naturalistische Dichter aber wollte doch etwas: nämlich die Natur darstellen. Wo ein persönlicher Wille ist, ist schon ein persönlicher Stil. So ist denn als ästhetisches Gesetz nur eine Spielart des Naturalismus: der Impressionismus zu diskutieren. Der Impressionismus will, daß die Seele wie eine Braut sich hinlagere, damit die Natur liebend einströme mit Fluß und Wolke, Stern und Falter. Der Expressionismus, die Gegenbewegung gegen den Impressionismus, fordert programmatisch: schleudere deine Seele aus dir heraus in die weite Welt, hinauf in den hohen Himmel: so erst wirst du ganz wahr sein. Der Impressionismus predigt die Wahrheit des Seins, der Expressionismus die Wahrheit der Seele. Es ist klar, daß auf einer höheren Ebene diese Forderungen sich in einem Schnittpunkt berühren: da, wo Sein und Seele, Erde und Himmel eins geworden sind. Im Formalen äußert sich der Gegensatz der beiden Strömungen derart: beim Impressionismus: Analyse des Geistes, Synthese der Form. Beim Expressionismus: Synthese des Geistes, Analyse der Form. – Die Naturalisten waren für Deutschland die Entdecker des Proletariers als »Gegenstand« der dichterischen Betrachtung: da ihrer Betrachtung ja auch das Niederste und Unterste wert erschien. Aber der Proletarier, der arme Mensch, der ärmste Mensch, blieb ihnen eben doch nur »Gegenstand«. Erst die politischen und expressionistischen Dichter der jüngsten Generation haben den entscheidenden Schritt vollzogen, indem sie sich mit dem Proletarier identifizierten. Die proletarische Lyrik der Henckell (geboren 1864), Mackay (geboren 1864) – Mackays Roman »Der

Schwimmer« ist eine der besten Prosaleistungen des Naturalismus – usw. wirkt denn auch ziemlich zahm bürgerlich. In Arno Holz' (aus Rastenburg, geboren 1863) »Buch der Zeit« klingt sie kräftiger. Dessen eigentliche Bedeutung liegt aber nicht darin, sondern in seinem romantischen Buche »Phantasus«, mit dem er zwar keine Revolution der Lyrik, wie er meinte, eingeleitet und eingeläutet hat, aber die wesentliche Stimme seiner eigenen Lyrik fand. Diejenigen, bei denen der Naturalismus ein totes Dogma wurde, sind, manche noch lebendigen Leibes, gestorben. Des romantischen Naturalisten Max Halbe bestes Werk ist eine kleine Novelle: Frau Meseck. Am Leben blieb der unverwüstliche, kräftige Detlev von Liliencron (aus Kiel, 1844–1909), der lyrische Husar, der niederdeutsche Feuerreiter. In der plattdeutschen Lyrik exzellierte Klaus Groth (aus Dithmarschen, 1819–1899), der Dichter des »Quickborn«, in bodenständigen österreichischen Bauerndramen Ludwig Anzengruber (aus Wien, 1839 bis 1889). Vom Naturalismus kam, ihn überflügelte bald mit silbernen Flügeln: Gerhart Hauptmann (geboren 1862 in Salzbrunn). Wie ein Baum zieht er seine Säfte aus der schlesischen Erde, aber seine Krone ragt in den Himmel, und sein Gezweig überschattet hundert Naturalisten. Mit der Weißglut seines Willens hat er die naturalistische Theorie durchschmolzen. Keine konstruierten Maschinen, keine Homunkulusse durchwandeln die Welt seines Dramas: Menschen voll Blut und Sehnsucht, arme, elende Menschen, geprügelt wie Hunde von der Peitsche des Schicksals, hungernd und frierend, hungernd nach Brot und Licht, frierend an den kalten, steinernen Herzen der Mitmenschen, Menschen, die in einer ewigen Dämmerung »vor Sonnenaufgang« leben, »einsame Menschen«, zu denen selten genug der Ton der »versunkenen Glocke« herauftönt, Menschen, die einzeln nicht leben dürfen wie die schlesischen Weber, die ein Klumpen blutendes, zuckendes Stück Fleisch sind, Menschen, die fried- und ruhelos das Labyrinth des Daseins durchirren, bis eine sanfte Frau auch mit ihnen einmal das »Friedensfest« feiert. Wie sind die zu beneiden, die, wie Hannele, so früh von dieser schmutzigen Erde zum Himmel fahren dürfen! Daß sie Kinder bekommen, zeugen und gebären – wie furchtbar! Wer will den ersten Stein auf »Rose Bernd« werfen? Wer stürzt nicht weinend in sich zusammen, wenn der brave, ehrliche »Fuhrmann Henschel«, zwischen Schuld und Unschuld schwankend, sich erhängt? Alle Gestalten Hauptmanns sind Narren in Christo, wie der religiöse Schwärmer Emanuel Quint, der im neu erwachenden religiösen und sektiererischen Leben der Zeit noch eine Rolle spielen wird.

Wie die Geibelperiode in Empfindelei und Süßlichkeit, so artete der Naturalismus schließlich in Krafthuberei, törichte Brutalität und Apotheose des Misthaufens aus. Süßigkeit des Wortes, Sinnlichkeit der Seele: die Schönheit verfiel dem Fluch der Lächerlichkeit. Es ist das Verdienst von Friedrich Nietzsche und Stefan George, das deutsche Wort in barbarischer Epoche bewahrt und in heiligen Hainen Anbetung und Weihrauch der tönenden Gottheit dargebracht zu haben. Friedrich Nietzsche (1844–1900) ist mit der musikalischen und rhythmischen Prosa seines »Zarathustra« der Lehrmeister der jungen und jüngsten Dichtung geworden. Als Lyriker gehört er zu den edelsten deutschen Lyrikern. »Frei« war Nietzsches Kunst geheißen, »fröhlich« seine Wissenschaft. Alle seine Lieder sind trunkene Lieder. Ob er sie singt in Venedigs brauner Nacht an der Rialtobrücke oder sie von San Marco gleich Taubenschwärmen ins Blau hinaufsendet und wieder zurücklockt, ihnen noch einen Reim ins Gefieder zu hängen. Oder ob in Sils Maria ihn, der wartend sitzt, ganz nur Spiel, ganz See, ganz Mittag, ganz Zeit ohne Ziel, der Schatten Zarathustras grüßt. Ob im Herbst, in der Ebene, die ersten grauen Krähen ihn überfliegen und ihn mahnen, daß der Winter naht.

Aus unbekannten Mündern bläst's mich an,–
Die große Kühle kommt …

Er wurde einsam. Immer einsamer. Und alle seine Lieder sang er schließlich nur noch sich selber zu, »damit er seine letzte Einsamkeit ertrüge«.

Hoch wuchs ich über Mensch und Tier;
Und sprech ich – niemand spricht zu mir.

War die Natur Nietzsches eine Kreuzung aus Dionysos und Ahasver, die trotz aller Schmerzen die Ewigkeit, zu der sie verdammt war, lieben mußte, eine wilde, tobende Natur, die lieber brüllte als seufzte oder zwitscherte, – so ist S t e f a n G e o r g e (geboren 1868 in Büdesheim) der strenge Priester der Gelassenheit und Gebundenheit, der Verkünder asketischer Lüste, maß- und zuchtvoll. Auch der verkündet wie Nietzsche eine Kunst, die jenseits von Gut und Böse wirkt, er steht den moralischen

Forderungen eines Teiles der jungen Generation ferner als fern.

»Du sprichst mir nicht von Sünde oder Sitte.« In einem seiner ersten Gedichte versteigt er sich bis zurApotheose der Ausschweifung: im Heliogabal. Aber immer reiner klärt sich seine Welt: bis das Jahr der Seele herrlich sichtbar wird, der Teppich des Lebens sich vor ihm breitet, der Engel ihm den Weg weist und der Stern des Bundes magisch erblinkt. Stefan George begann als Fackelträger des reinen Wortes in einer Zeit, die das Wort verunreinigte und beschmutzte, er schritt fort und schreitet weiter als ein Flammenträger des reinen Sinnes in einer Zeit, die verschwelt und rauchig loht, die zu Baal und Beelzebub betet, die kein Sonnengold, nur ein Geldgold kennt, die alles »zweckmäßig« einrichtet und als Ziel die Zweckmäßigkeit postuliert oder die Ziellosigkeit an sich. Die geistige und moralische Begriffe verwechselt und ein politisches Parteiprogramm von Spinozas Ethik nicht zu unterscheiden vermag. Sie hat auch bei George gebändigte Leidenschaft mit Temperamentlosigkeit, die Gebärde des echten Priesters mit den Tingeltangelallüren ihrer geistigen Charlatane, die gekonnte Kunst mit gemachter Mache verwechselt. Sei's. Die Weltgeschichte ist auch das Weltgedicht: einige der schönsten Strophen dieses Gedichtes hat Stefan George gesungen.

Aus dem Kreise Georges sind als Dichter von Rang Hugo von Hofmannsthal (geb. 1874 in Wien) und Rainer Maria Rilke (geb. in Prag 1875) hervorgegangen. Hofmannsthal ist der Dichter bezaubernder kleiner Versdramen.

Er führt ein Skelett, das mit blühenden Rosen behängt ist, im Wappen. Rilke ist ein Mönch, der statt der grauen Kutte eine purpurrote trägt, die Seligkeit des Himmels liebt, aber die Freuden der Welt nicht verachtet.

Die »ersten Hergereisten«, die der kommenden deutschen Dichtergeneration die neuen Lieder lehrten, waren Nietzsche und George. Alfred Mombert (geboren 1872 in Karlsruhe) und Theodor Däubler (geboren 1876 in Triest) gehören zu den ersten, die sie lernten. Mombert schrieb metaphysische Dramen und Gedichte, Däubler das diesseitige Epos »Nordlicht«, eine Kosmogenie voll von Schwelgerei und Orgie des Wortes und des Reimes. Richard Dehmel (aus dem Spreewald, 1863–1920) hält sein Gesicht den romantischen Gestirnen zugewandt. Die goldene Kette der deutschen Lyrik ist ohne ihn nicht denkbar, er ist ein kostbares Glied in ihr, deren Anfang Walter von der Vogelweide, deren vorläufiges Ende Franz Werfel hält. Er hat die Tradition der deutschen Lyrik über eine Zeit der Verfahrenheit und Traditionslosigkeit hinübergerettet. Als alles tot und trübe schien. Er hat der deutschen Lyrik das Liebeslied neu geschenkt: Das dunkle Du, das dunkle Ich, die durch die Nacht sich suchen – und sich finden.

Christian Morgenstern (aus München, 1871–1915) schuf in seinen »Palmström«gedichten eine grotesk-philosophische Lyrik eigenster Prägung, die besonders dem menschlichen und vermenschlichten Tier zu Leib und Seele rückt. Da erscheint ein Steinochs, der sich von menschlicher Gehirne Heu nährt. Auf schwärmt am Horizont ergrauter Kasernenhöfe der sagenhafte E. P. V. (auch Exerzierplatzvogel genannt). Wir sind hoch und heiter beglückt, daß es ihn und Palmströms und v. Korfs fundamentale Melancholie - immerhin - noch gibt. Schade, daß ich beim neuerlichen Quellenstudium für diese kleine Literaturgeschichte v. Korfs glänzende Erfindung nicht benutzen konnte, welcher, weil er schnell und viel lesen mußte, eine Brille erfand,

> deren Energien ihm den Text zusammen ziehn.
> Beispielsweise dies Gedicht läse, so bebrillt,
> man - nicht! Dreiunddreißig seinesgleichen
> gäben erst - ein - - Fragezeichen!

Die Dadaisten, Apologetiker des abstrakten Humbugs, sind Wilhelm Buschs, des genialen Malerdichters (1832 bis 1908) und Morgenstern's Nachfahren.

Die deutsche Frauendichtung beginnt, nachdem sie seit Mechtild v. Magdeburg jahrhundertelang den Dornröschenschlaf geschlafen, wieder aufzuleben mit der Westfälin Annette v. Droste-Hülshoff (1797–1848), die freilich für den ersten Blick gar nichts Frauliches an sich hat. Ihre Formen sind streng, herb, ihr Gang ist straff, ihre Miene leicht verdüstert: wie ein halb heller Tag auf der westfälischen Heide, wenn Erde und Himmel die Plätze vertauscht haben, und die roten Heidekrautblüten wie Sterne, die Wolken wie braune Ackerschollen sind. Auf ihr müdes Haupt gaukelte selten ein süßes Lachen.

Liebe Stimme säuselt und träuft
Wie die Lindenblüt' auf ein Grab …

Herb wie ihr lyrischer Stil ist ihr Prosastil in der Novelle »Die Judenbuche«. Marie v. Ebner-Eschenbach (aus Mähren, 1830–1916) besitzt ein Talent von großer Weite der Empfindung, das formal eng begrenzt ist. Ricarda Huch (geboren 1864 in Braunschweig) suchte ihre Themen im Risorgimento und im Dreißigjährigen Krieg. Enrica von Handel-Mazetti (geboren 1871 in Wien) schrieb historische Romane mit katholisierendem Einschlag. Die deutsche Frauenlyrik der jüngsten Zeit gipfelt in Else Lasker-Schüler (geboren 1876 in Elberfeld). Wer fühlte sich nicht als ewiger Jude und sänke vor Jehova ins Knie, wenn sie ihre hebräischen Lieder singt? Wenn sie ihre Verse in einen alten Tibetteppich verwebt? Emmy Hennings gab in kleinen Versen (»Die letzte Freude«) und in kleiner Prosa (»Das Gefängnis«) eine Autobiographie des weiblichen Vaganten. Eleonore Kalkowska ließ im Krieg den Rauch des Frauenopfers steigen. Sie schreitet vom Gedicht zum Drama.

Man hat Frank Wedekind (1864–1918) einen Bruder und Genossen der Lenz, Büchner, Grabbe genannt. Er hatte nicht die selbstverständliche Grazie dieser drei (die Grabbe auch im Grausigen bewies). Er war kein Kind der Natur. Die Natur war ihm in jeglicher Gestalt verhaßt und widerwärtig. Vor einer schönen Landschaft erfaßte ihn ein Brechreiz. Und er wurde erst wieder beruhigt, wenn er die Berge, etwa als ein liebendes Paar in Umarmung, drastisch definieren konnte. Er war ganz gewiß ein Erotomane, dessen moralische Komplexe sich bis zum exzessiven Pathos steigern konnten. Er war ein genialer Spießer – mit umgekehrtem Vorzeichen. Ein erotischer Frömmler. Ein frömmelnder Erotiker. Flagellant, Sadist, Masochist aus religiöser Überzeugung. Ihm war das Weib die große Hure von Babylon und als solche immer anbetungswürdig. Er führte ein Tagebuch aller Zärtlichkeiten, der sanften und der schrecklichen. Er führte dieses Tagebuch gewissenhaft wie ein Oberlehrer. Als Oberlehrer (mit dem schlechten Gewissen des ehemaligen Schülers …) fühlt er sich auch seinen Geschöpfen gegenüber: einer Lulu, einer Franziska, die zu seiner Liebe, zu seinem Leben empor gepeitscht wurden – um sich dann an ihrem Lehrmeister aufs grausigste zu rächen. In der Verbohrtheit im Problematischen ist er Hebbel, in der Technik den Stürmern und Drängern verwandt: diese dramatische Technik der Einzelbilder, Einzelszenen, wie sie »Frühlingserwachen« einführt, hat im deutschen Drama neuerdings Furore gemacht. Sein Kinderdrama »Frühlingserwachen« wird bleiben, bleiben wird der »Marquis von Keith«, der letzte Akt von »Schloß Wetterstein« und vor allem: »Lulu«. In ihr und in der kleinen Wendla hat er die natürliche Dämonie des Weibes groß gestaltet. Es ist vielleicht kein Zufall, daß in den vorzüglichsten Dramen der Epoche Frauen im Mittelpunkt der tragischen und komischen Handlung stehen: die Lulu im »Erdgeist«, Hannele in »Hanneles Himmelfahrt«, die Wulffen im »Biberpelz«, Madame Legros (im gleichnamigen Drama von Heinrich Mann) –, dies beweist, daß wir in einer romantischen Periode leben: Lulu ist die Inkarnation der geschlechtlichen,

Hannele die der kindlichen, Madame Legros die der mütterlichen Liebe der Frau. Lulu will irdische Lust, Hannele himmlische Liebe, Madame Legros dies- und jenseitige Gerechtigkeit. – Wilhelm Schmidtbonn (geboren 1876) behandelte im »Grafen von Gleichen« das Problem des Mannes zwischen zwei Frauen. Der erste Akt gehört zu den besten ersten Akten der deutschen Literatur. Sein »Wunderbaum«, ein Prosabuch, birgt viele Wunder. Carl Sternheim zeichnet in seinen Dramen karikaturistische Bilder aus dem bürgerlichen Heldenleben: Streber, Schieber, sentimentale Kokotten, amusische Dichter, intellektuelle Schweinehunde, Auch- und Bauchsozialisten. In seinen Dramen wie in seinen Novellen holt er das Letzte virtuos, aber ohne Herz, aus der Technik des Wortes. Seine Geschichten laufen ab wie Maschinen. Er ist ein Ingenieur der Sprache. Herbert Eulenberg (geboren 1876 in Mühlheim) bemalt seine dramatischen Helden und Heldinnen blaßrosa und blaßblau. Sie gleiten schattenhaft durch eine romantische Kulissenwelt. Eduard Stucken (geboren 1865 in Moskau) beschwört noch einmal Montsalvatsch und die Gralsritter in klingenden, mit Innenreimen geschmückten Versen. Seine Romantrilogie »Die weißen Götter« erheischt Respekt. Georg Kaiser (geboren 1878 in Magdeburg) pflanzt sich ganz breitspurig und heutig vor uns hin. Teufel, ist das ein Leben, das sich da vor uns und um uns und in uns abspielt. Aktiengesellschaften werden gegründet aus Menschenliebe, aus Bonhomie, mit Ewigkeitsansprüchen. Beim »Brand des Opernhauses« entzünden sich alle Leidenschaften. »Von morgens bis mitternachts« rollt ein ganzes Leben ab via

Bankinstitut, Freudenhaus, Park, Café, Heilsarmee, um in »Hölle, Weg, Erde« sich als leere Leere, parodierte Form, Konjunkturkommunistik zu entschleiern. Da ist mir R. John Gorslebens (aus Metz, geb. 1883) bedenken- und gewissenloser geistiger Abenteurer »Der Rastaquär« schon lieber. Denn der ist ehrlich. Hanns Johsts ekstatische Szenerien haben sich zu einem adligen Drama »Der König« und zu einem problematischen Gegenwartsroman »Kreuzweg« edel ausgereift. Georg Kaiser, Sternheim, Eulenberg geben in ihren Dramen allerlei indirekte Antworten auf direkte Fragen. Das sind alles Passionen, die sich da abspielen. Walter Hasenclever (geboren 1890) im »Sohn« und René Schickele (aus dem Elsaß, geboren 1883) in »Hans im Schnakenloch« gehen zur Aktion, zur These, zur Forderung über. Nicht: so seid ihr! Sondern: so sollt ihr sein! So soll der Sohn gegen den Vater, der Mensch zwischen den Rassen sich entscheiden! Hasenclevers »Antigone«, Unruhs »Ein Geschlecht« sind ebenfalls programmatische Äußerungen gegen den Krieg, während Hasenclever in seinem Drama »Menschen« zur Romantik umkehrt – den Weg, den noch alle Aktivisten werden schreiten müssen (Schickele beschritt ihn im »Glockenturm«) –, sich aber nach der anderen Seite purzelbaumartig überschlägt und beim übelsten Text zum Filmdrama landet. Höher steht sein okkultes Spiel »Jenseits«.

Paul Kornfelds »Verführung« gehört zu den typischen, monologischen Dramen des jungen Menschen aus der expressionistischen Epoche. (Einige andere: Hanns Johst »Der junge Mensch«, Walter Hasenclever »Der Sohn«, Klabund »Die Nachtwandler«.) Es ist das Erfreulichste von ihnen. Das Problem »Vater und Sohn« gestaltet eindrucksvoll in seinem gleichnamigen Fridericus-Drama auch Joachim v. d. Goltz.

Den schönsten deutschen Roman um 1900 schrieb Friedrich Huch mit seinem »Pitt und Fox«. Biedermeierliche Zartheit und groteske Gotik blühen darin. Pitt ist der gute, der entmaterialisierte, Fox der schlechte materialistische Deutsche, wie ihn Heinrich Mann später in seinem Untertan Diederich Heßling so bitterböse abkonterfeit hat. Ouckama Knoop malte im »Sebald Soeker« die Untergangsstimmung des Abendlandes, längst ehe sie gefällige Mode wurde. Hermann Löns jagte den wilden »Wehrwolf« über die Heide. Des Schwaben Emil Strauß (geb. 1866) Kindertragödie »Freund Hein« ist mir unvergeßlich. Der Halkyonier O. E. Hartleben (1864–1905) etablierte sich mit glänzend geschriebenen ironischen Impressionen. Eine Abart des Impressionismus ist der Psychologismus, wie ihn Thomas Mann (aus Lübeck, geb. 1875) in seinen ausgezeichneten Romanen und Novellen »Die Buddenbrooks«, »Tod in Venedig« übt. Er analysiert mit medizinischer Gewissenhaftigkeit die Einzelseele. Dem Studium der Massenseele gilt neuerdings seines Bruders Heinrich Mann (aus Lübeck, geboren 1871) Bemühung. Er ist der Dichter der Demokratie geworden in seinen Romanen: »Die kleine Stadt«, »Die Armen«, »Der Untertan«. – »Die kleine Stadt«, ein italienischer Kleinstadtroman, der schildert, wie eine fahrende Theatertruppe eine kleine Stadt revolutioniert, ist ein Markstein in der Geschichte des deutschen Romans. Seine früheren Italienromane, besonders die prachtvolle Trilogie »Die Göttinnen«, zeigen ihn noch ganz als Apologetiker des Übermenschen, des Einzelmenschen, des Anarchisten, als hymnischen Diener der Schönheit, der Kraft und der sinnlichsten Gewalt. Wer, der je der Herzogin von Assy begegnete, könnte sie vergessen? Denn sie war ihm Kind, Mutter und Geliebte.

Gustav Meyrink (geboren 1868 in Wien) schüttet ein Wunderhorn ergötzlicher und boshafter Trivialitäten, ältestes und neuestes Gerümpel, über den deutschen Spießer aus, der mit einem leeren Hirn aufdrapiert wie ein Pfingstochse in seinen Geschichten umherwandelt und »Muh« und »Bäh« sagt. Von Meyrinks großen Romanen, die allerlei kabbalistische und mystische Weltanschauung propagieren, ist der »Golem« nennenswert. Peter Altenberg (1859–1918, aus Wien) gewinnt seine amüsante Weltanschauung vom Café Fenstergucker aus. Hermann Bahr (geboren 1863 in Linz) hat vom Naturalismus bis zum Expressionismus und Katholizismus so ziemlich alle Klassen der Literaturgeschichte absolviert und ist überall mit der Note 2–3 versetzt worden. Artur Schnitzler (geboren 1862), Dramatiker und Romanzier, schrieb zwei vollendete Novellen »Leutnant Gustl« und »Casanovas Heimkehr«. Des Kurländer Grafen E. Keyserling (1858–1918) Erzählungen beglücken schmerzlich wie im Frühherbst die bunten fallenden Blätter. Über Hermann Hesses (geboren 1877 in Calw) Prosadichtungen der ersten Periode könnte als Motto der Vers eines Volksliedes stehen, mit dem er selbst eines seiner Bücher betitelt: »Schön ist die Jugend«. Seine rührendste Figur: der arme und doch so reiche Landstreicher Knulp. Mit vierzig Jahren überwand und übertraf er sich selbst in den farbigen und feurigen Zeugnissen einer zweiten Jugend: »Demian«, Weg und Wesen deutscher Seele entschleiernd, und der herrlichen Novelle »Klein und Wagner«. Wilhelm Schäfer (geboren 1868 in Ottrau) schuf sich in seinen »Anekdoten« eine eigene Novellenform in Anlehnung an mittelalterliche deutsche und italienische Meister. Sie gehören zu den besten Leistungen der deutschen Prosa der Gegenwart, die in Jakob Wassermanns (geboren 1873 in Fürth) Romanen »Das Gänsemännchen« und »Kaspar Hauser« einen ihrer Meister fand. Eine reiche Fülle lebendigster Gestalten, eine ganze große und kleine Welt wird aus der Tiefe ans Licht gehoben. Die Prosa der jüngsten Generation, mit Kasimir Edschmid (geboren 1890) und Alfred Döblin beginnend, vermag diesen Leistungen Gleichwertiges an die Seite zu setzen. Edschmids Novellen sind wie in einem Treibhaus gezüchtete Blumen: bizarr, geistreich, gekünstelt, voll wilder, aromatischer, zuweilen peinlicher Düfte. Sein Roman: ein tiefer Abstieg. Alfred Döblin beschwört den Schatten Wallensteins und in den »Drei Sprüngen des Wang-lun« einen edlen Rebellen der Schwäche in der Landschaft eines erträumten China. Der schlesische Russe Arnold Ulitz türmt den »Ararat«. Klabund (geboren 1891 in Crossen a. O.) versuchte im »Moreau« den Roman eines Soldaten, im »Mohammed« den Roman eines Propheten, im »Bracke« den gotischen Roman eines Eulenspiegel zu gestalten. Der

»Dreiklang« enthält das Wesentlichste seiner Lyrik. Leonhard Franks (geboren 1882 in Würzburg) »Ursache« ist in Dichtung umgesetzte Freudsche Psychologie. Andreas Latzkos (geb. 1876 in Budapest) Bücher (»Menschen im Krieg«) und Leonhard Franks »Der Mensch ist gut« haben ihr Bestes geleistet in der Revolutionierung der Seelen, an welcher aber kritische Geister wie Karl Kraus (geboren 1874 in Gitschin) und Franz Pfemfert (geboren 1877 in Lötzen) seit Jahren schon viel tieferen Anteil hatten mit »Fackel« und »Aktion«. Jene sind zeitgeschichtlich von großer Bedeutung. Ihr dichterischer Wert ist weit geringer. Der Mensch ist nicht gut, sondern er will gut werden. Das Moment der Entwicklung ist das Entscheidende. Schon Herzeloide erzog ihren Sohn Parsival in der Waldeseinsamkeit, damit er vor dem Welt- und Kriegsgetümmel bewahrt sei. Aber alle Abgeschlossenheit half nichts. Ein jeder trägt ja den Feind in der eigenen Brust. Gegen ihn heißt's kämpfen. Man muß sich selbst aufs Haupt schlagen. Gott und du: das sollen nur Synonyme sein. Epitheta ornantia des einen. Du mußt den Heimweg finden: heim zu dir. Auf diesem Heimweg durch die Dunkelheit stehen die Dichter an den Meilensteinen wie Fackelträger. Von Fackel zu Fackel tastest du dich vorwärts: zum Morgenrot, bis Gottes Herz einst über den Bergen aufgeht. Menschen- und Gottesauge werden ineinander trinken und wird nur ein Licht und eine Liebe sein.

Die Vorläufer des lyrischen Expressionismus sind Otto zur Linde (geb. 1873 in Essen) und die Charontiker, die sich um ihn sammelten. Er schon stellte die These von der ekstatischen Unmittelbarkeit auf, blieb aber praktisch im Assoziativen stecken. Walter Calé (aus Berlin, 1881–1904) starb allzufrüh. Max Dauthendey (aus Würzburg, 1867–1918) sang inbrünstige Lust- und Liebeslieder. Sein heißes Blut trieb ihn in die Tropen, aus denen er exotische Novellen heimbrachte. Des Wilhelm von Scholz (aus Berlin, geb. 1874) Verse spiegeln sich wie Nymphen gern in dunklen Teichen, vom Walde überwuchert. Alfred Kerr (geb. 1867 in Breslau), als Kritiker ein Dichter, als Dichter ein Kritiker, hat einer ganzen lyrischen Generation das Gehen, die ersten Schritte beigebracht. Der dämonische Naturbursche Georg Heym (aus Hirschberg, 1887–1912) machte dann mit der neuen Dichtung ernst. Er krempelte sich dazu die Hemdsärmel auf: wie ein Riese schritt er über die Dächer und zwischen den Straßen Berlins, und allesdies: Mensch, Trambahn, Mond, Spelunkenspuk war ihm wie Riesenspielzeug, die Stadt wurde ihm zur Landschaft, Berg wurde Haus. Er ertrank beim Eislauf, vierundzwanzigjährig, im Müggelsee. Das Grabgeleite gaben ihm Scharen »fortgeschrittener Lyriker«. Als Georg Heym in den Fluten versunken war, stieg aus den im Frühling getauten Wogen wie ein junger Meergott, prustend, dampfend in der Sonne, schreiend vor Lust am Licht: Franz Werfel (geboren in Prag 1890). Er verkündigte das Evangelium des schönen strahlenden Menschen, der jedem Wesen, auch dem ärmsten, brüderlich zugewandt. Gewaltig schwingt sein religiöses Pathos. Er will einer der Propheten des neuen Bundes sein: des Bundes aller wahrhaft Menschlichen. Er kniet nieder, unsagbar demütig und bußwillig, mit Unkraut noch und Schlamm fühlt er sein Herz erfüllt. Erst nachdem er sich selbst gerichtet, wächst er zum Richter der Menschheit. Er sank hin, er kniete hin, er weinte. Er lauschte, er horchte, er hörte, er diente. Nun schuf er, nun trägt er, nun hält er wie Christophorus die Erdkugel. Erst sah er die Welt – und siehe, sie war schön –, da wurde er der Weltfreund. Dann sah er sich, und siehe, er war häßlich. Aber er war. Da nahm er sein Sein und trug es zu den anderen. Drei Reiche durchwanderte er. Er wird in das vierte gelangen, das sie alle drei umfaßt: das Reich der glückseligen Gerechtigkeit, der Reinheit und Einheit. Er wird über sich selbst »Gerichtstag« halten. Dann wird sein kriegerisches Wesen sich beruhigend lösen. Er wird zerrinnen und eine Welle sein, gekräuselt, entführt und gespült ins Meer der Vollkommenheit und der Vollendung.

Erst wenn ein Mensch zerging
In jedem Tier und Ding, Zu lieben er anfing.

Im Gefolge Werfels, des Propheten der Bruderliebe, wandeln unzählige junge Lyriker, weniger von der bronzenen Glocke seiner lyrischen Form angetönt (er ist reinste Musik, Oboe, Flöte: sie sind meist nur Schellenträger und Trommler), als von seinem Pathos bezwungen. In der Form wenden sich viele mehr der Imitation des großen Amerikaners Walt Whitman zu, seinen breiten rollenden Rhythmen, die brausen wie die Wogen des Atlantischen Ozeans. Walt Whitman sang von seinem Buch: Camerado, dies ist kein Buch – wer dies anrührt, rührt einen Menschen an! Dieses Motto sähen die jungen Dichter gern über alle ihre Bücher: ihre

Dramen, Verse, romantischen Romane gesetzt. Sie wollen vor allem Menschen sein. Und Menschen sein. Wir sind! Wir sind! jubeln sie emphatisch mit Werfel. Die Ekstase ist ein Kennzeichen ihres Wollens. Von ihr sind die Formen so zerrissen, zerhackt, im Winde flatternd. Oft opfern sie das Dichterische auf Kosten des Moralischen. Ihre Empfindung ist vielfach keine individuelle mehr: ihr Erlebnis ist schon zum Kollektiverlebnis geworden. Sie dichten nicht mehr – sondern der Stil dichtet für sie. – Einen elegischen Nebensproß Werfels trieb Österreich in Georg Trakl aus Salzburg (1887–1914), dem Dichter der sanften Schwermut, des süßen Verzichtes, des violetten Unterganges, dem Hölderlin unserer Zeit. Alle Gedichte Trakls sind herbstliche Landschaften. Immer tönen leise im Rohr die dunkeln Flöten des Herbstes. In Gottfried Benns (aus Mohrin, geb. 1885) Gedichten ist dies Ereignis geworden: Hirn wurde Herz, Geist wurde Fleisch. Benn steht für sich selbst und auf sich selbst: kein Werfel-, kein Whitmanjünger: ein Benn. Auch in seinen Novellen. Johannes R. Becher (geb. 1890) ruft in seinen Gedichten »An Europa« zur »Verbrüderung«. Es finden sich wundervolle einzelne Verse in seinen Büchern, die der sozialistischen Revolution dienen wollen, aber kaum ein vollendetes Gedicht. Der Wille zur These überschreit den Willen zur Form. Eine krampfhaft geschaffene neue Syntax ist noch keine neue Kunstform. Albert Ehrenstein (geb. in Wien 1886) schleudert seine Flüche gegen die »rote Zeit«. Europa wird zum Barbarossa. Ein griechisch gerichteter Geist zersprengt sich selbst und seine Form in Haßgesängen. Sein Reifstes bleibt die österreichische Novelle Tubutsch: voll ironischer Melancholie. Die Arbeiterdichter *Barthel* (geb. 1884) und *Bröger* machen Ansätze zu einer neuen Volkslyrik, der *Jakob Kneip* in seinen Legenden am nächsten kommt. Es darf nicht verkannt werden: auch hier ist ein Weg. Das deutsche Lied, die deutsche Legende, das deutsche Märchen werden wieder einmal auferstehen. Der Expressionismus wird verwesen. Eine neue Romantik, eine neue Klassik dämmern empor. Ganz in der Tradition der klassischen deutschen Lyrik wandeln der Ostpreuße *Albrecht Schaeffer* (geb. 1885) – auf dessen Romanwerk Helianth auch hingewiesen sei – und der Schwabe *Bruno Frank* (geb. 1887 in Stuttgart), der das Erbe Mörikes in guter junger Hand hält. *Friedrich Schnack* steht mit flammendem Edelsteinsäbel als lyrischer Wächter am Eingang zum kommenden Reich.

Der junge Mensch zwischen 1911 und 1918 war Krieger und Revolutionär, Expressionist und Bolschewist. Er ging in den Krieg als Revolutionär und in die Revolution als Krieger. Er fiel von einem Extrem ins andere: aus der Ekstase in die Verzweiflung, und umgekehrt. Er liebte allzu vage die Menschheit, ohne noch recht vom Menschen zu wissen. Er ist weitsichtig: aber in der Nähe vermag er nichts zu sehen. Er will *alles* – und erreicht *nichts*. Er ist immer geneigt, zu typisieren, zu schematisieren – ganz wie die verachteten Wissenschaftler. Es ist eine dunkle, heilige Ahnung des Kommenden in ihm. Aber in der Gegenwart stolpert er unbeholfen daher. Er sagt zehnmal nein, ehe er einmal ja sagt. Er schlägt der herrschenden Klasse, wie der Zeichner George Groß, in die Fratze, aber wenn er zur Herrschaft gelangt, weiß er auch keine anderen Mittel als die der anderen: Terror und Maschinengewehre, die Diktatur. Bitterlich, der den Bräutigam von Marie ermordet und Ruths Bruder in den Tod treibt, (in Kornfelds Verführung) ist er nicht ein Terrorist? Versucht er nicht, mit Gewalt die Welt zu ändern? Ich glaube nicht an die dauernde Überzeugungskraft brutaler Gewalt, von welcher Seite immer sie sich äußern mag. Wer hat die Welt dauernd verändert? Ein Karl der Große? Ein Napoleon? Ein Bismarck? Der chinesische Denker Laotse sagt einmal: »Das Zarteste überwindet das Härteste.« Wir wollen, symbolisch gesprochen, keine Boxer werden wie die Angelsachsen und jedem gleich die Faust ins Gesicht pflanzen. Unsere Schwäche wird eines Tages unsere Stärke sein. Wir müssen Dschiu-Dschitsu lernen: nicht den starren Angriff, sondern die elastische Verteidigung.

Revolutionen, geistige und materielle, schießen über das Ziel hinaus –, um nur etwas zu erreichen. Der Expressionismus wird einer neuen Romantik und Klassik den Weg bereiten wie der Kommunismus einem neuen Gemeinschaftsgefühl.

Die Sehnsucht nach Erlösung blüht in den kommenden Generationen wild auf. Wir wollen erlöst werden – von der L ü g e . Denn alle Erlösung ist nur ein plötzliches Erblicken der Wahrheit. Die Lüge hat ihr Gorgohaupt in den letzten Jahren vor dem Kriege und im Kriege selbst widerlich erhoben. Aber wenige vermochten sie zu erkennen. Denn sie war geschminkt wie eine Hure und mit schönen Kleidern angetan und mit Steinen behängt. Das Bild der Welt war, wie es die mittelalterlichen Darstellungen zeigen: eine Frau, von vorn reizend und wohlgestalt anzusehen – aber hinten im offenen Rücken voll Schlangengezücht und Dreck und Eiter. Mammonismus, Militarismus, Materialismus: unter diesen drei Flammenzeichen focht der deutsche Gott, der Alliierte von Roßbach – und unterlag.

Wir sind nicht auf der Welt, um unglücklich zu sein. Dieser gram- und grauenvolle Krieg, in dem wir lebten und starben, könnte vorübergehend einen Märtyrerstandpunkt schaffen: als sei es über alle Maßen edel und tapfer und weise und natürlich und dieses Lebens letztes Ziel, zu leiden. Gerechtigkeit! Tu von den Augen die Binde und sieh die Erde: blühen nicht Blumen, rote und blaue und goldene, zu deinen Füßen? Glüht nicht das ewige Licht, die Sonne, um deine Stirn wie ein Heiligenschein? Taumeln nicht Pfauenauge und Zitronenfalter schräg durch den schreitenden Abend? Pferde springen elegant durch die Straßen. Wilde Katzen liegen zahm auf den bestrahlten Mauern unserer Gefängnisse. Und an florentinischer Brücke tritt, die Augen schön gesenkt, Beatrice dem liebenden Dichter entgegen. Sein Herzschlag stockt. Er, der erfahren viel und viel erduldet, weiß: Glück ist das Ziel der Menschheit. Macht die Menschen glücklich, und ihr werdet sie besser machen. Öffnet ihnen die Augen über den Himmel, die Tiere, die Frauen. Und weist ihnen alles dies: gestaltet und erhoben, beseligt und erlöst: in der Kunst, in der Dichtung. Noch regiert, obschon Friede geschlossen ist, Mars die Stunde, die Minute, die Sekunde. Noch herrscht der Krieg als Prinzip. Besiegt ihn, ihr Dichter, kraft eures Wortes, das wirklicher ist als manche schnell getane Tat. Besiegt ihn durch eure Waffenlosigkeit, durch die Inbrunst eurer Herzen!

Ihr Weiser und Verweser unseres Schönen,
Laßt euch vom Waffenrausch nicht übertönen.
O sorgt, daß unser Blut nicht rot erstarrt
Und seid uns Dom und ewige Gegenwart!
Du Günther, brauner Packan, bissig bellend,
Du Hölderlin, die sanften Pfeile schnellend,
Du Mörike, verträumte Pfarrhauslinde,
Du Eichendorff, voll grüner Birkenwinde,
Du Heine, deutscher Jude, geistig handelnd,
Du Conrad Ferdinand, auf Rhythmen wan-
delnd,
Du Platen, im unsterblichsten Sonette,
Du Nietzsche, deutscher Pole, Glockenkette,
Und du, o ewige Früh- und Abendröte:
Du Turm, du Sturm, du erster Mensch,
du: Goethe!

(Klabund.)